# 林丙义
# 口述历史

林丙义口述　潘君祥撰稿

口

ORAL HISTORY

上海市文史研究馆
口述历史丛书

上海书店出版社
SHANGHAI BOOKSTORE PUBLISHING HOUSE

林丙义

林丙义，基础历史教学暨历史教材编著资深专家，第八、第九届上海市政协委员，华东师范大学历史系教授，上海市文史研究馆馆员。1965年因发表文章与姚文元《评新编历史剧〈海瑞罢官〉》一文商榷，引起社会重视，姚文元以"劲松"、"伍丁"笔名刊文对其点名批判，"文革"中遭受迫害，1979年始得平反。从中学教师到高校教授，致力于历史教学和历史教材编写四十年，主编或合编各类历史教材和教学参考书四十余种，总发行量达三千万册以上，具有广泛的社会影响。本书是他一生教书育人、治学撰述、讲学交流、参政议政的历史回顾，内容详实，风格质朴，对见证新时期以来基础历史教学改革发展的进程尤具重要的史料价值，并使人感知正直的知识分子曲折的道路和人生的价值。

# 编 撰 说 明

　　上海市文史研究馆成立于1953年6月,首任馆长张元济先生由毛泽东主席提名,时任上海市市长陈毅亲聘。建馆六十余年来,上海市文史研究馆由历任市长共延聘近1 200名馆员。馆员专业遍及文化历史、金石书画、新闻出版、教育学术、戏剧电影、传统医学、传统体育等多个领域,多以深邃造诣、杰出成就和一定的社会影响,成为专业翘楚乃至具有代表性的知名之士。他们在人生和事业道路上所经历蕴积的波澜起伏、经验见识和丰富阅历,是具有多重价值的宝贵的人文历史资源。

　　为了充分发掘文史馆馆员群体所特有的珍贵而丰厚的人文历史资源,保存历史记忆,记录时代风云,推动口述历史研究工作,上海市文史研究馆于2013年7月正式成立上海市文史研究馆口述历史研究中心。著名历史学家、上海市文史研究馆馆员姜义华和熊月之先生联袂担任中心主任。中心成立后,即聘请沪上学有专长的十位文史学者担任特聘研究员,启动上海市文史研究馆口述历史丛书(以下简称丛书)编撰项目。为了保证丛书的整体质量,在广泛征求各方面意见后,确定以下编撰原则:

　　一、丛书主要以上海市文史研究馆馆员、同时适当选取符合要求的馆外人士为访谈对象(即口述者)。

　　二、丛书恪守口述历史征集途径和开展过程的规范性。凡列选书目,概由口述历史研究中心先根据相关原则选取访谈对象。征得同意后,由口述历史研究中心约聘的撰稿人拟定采访提纲,经中心审议和口述者认同后付诸实施。访谈结束后,由撰稿人在文字笔录对比录音、影像的基础上整理成文,最终由口述者本人修订定稿。

三、丛书注重口述历史区别于一般"自传"或"回忆录"的独特性。访谈范围涉及口述者家世、经历、事业、交往、见闻等多个方面，尤其重视本人在场或参与之所历、所见、所闻、所传、所思，具有历史价值却缺乏文字资料的内容。

四、丛书本着客观的态度保存口述者的记忆。由于认识水平和记忆偏差，其内容可能与事实有出入。撰稿人应对口述中出现的人、地、物名及时、空、事件等进行必要的核对，尽量减少常识性错误，必要时可加以注释论证，亦可视具体情况在正文后面附录口述者活动年表等相关资料。

五、丛书在整理成稿并交付出版时，除了部分内容因涉及敏感暂不公开，或不得已而有所技术处理外，应努力保持资料原貌，切忌依据主观价值标准任意删除或更改，以此体现对口述者、对口述历史的尊重，同时也给口述资料的使用者保留可供继续解读和分析考证的空间。

六、丛书按照以图辅文、以图证史的原则向口述者征集和选用图片，包括照片、书信、手稿、字画、实物摄影等各种形式的图像资料，基本要求是：图片题材应该与口述内容直接关联，图片质量应该达到刊用水准，图片说明应该以新闻报道原则来撰述，时间、地点、人物、主题，基本齐全。

我们热忱希望丛书的编撰出版能拓展史料搜集的范围，能丰富读者对历史的认知，也衷心希望大家对我们编撰工作中存在的疏漏或差错，不吝批评指正，以利于口述历史的健康发展。

上海市文史研究馆

2015年6月

# 目　录

# 一、颠沛流离的童年

　　我出生于1937年1月8日，从农历来说是丙子年末，所以生肖属鼠。我的父亲林兆铭(1886—1945)，字耀庭，是我国废科举、兴学堂以后第一批由新式学堂培养出来的知识分子。他先毕业于福州的英华书院，再考入北京的清华学堂(清华大学的前身)，这是一所准备赴美国留学的预科学校。后来，因祖母病重，他就因这个家庭变故，学业未竟，从北京回到福州。就在省福中(今福州一中)、格致中学、英华中学等任英语教师。据说他在教学中对学生的要求甚严，得罪了一些纨绔子弟，但是也培养了一些英语的人才。我高中时的一个班主任就是我父亲的学生。

　　父亲先是和王淑蓉结婚，王家是五代十国时期闽王王审知的后代，住宅在福州屏山山脚，有很大的庭院和果园，种有荔枝、龙眼等。王淑蓉生有两个女儿，琇瑜和琇瑛，即我同父异母的大姊和二姊。二姊后来在协和大学任教，这是一所由美国基督教会按照美国大学模式创办的大学。她和林雅英(后来当上了中科院院士)、林瑜英同在协和当老师，合称"协和三英"，"三英"的名声很大，许多新入学的女生坦率承认：她们就是冲着"三英"而报考协和大学的。

　　王淑蓉不幸英年早逝。父亲又娶龚静镕(1902—1962)为妻，她就是我的生母。我的母亲生有三个女儿和两个儿子，即三姊怡杉、四姊怡熹、五姊辛未、哥哥甲宜和我。在众多的兄弟姊妹中，我是最小的。

　　我出生后半年，七七事变爆发，但战火还没有延烧到福州，我的家里生活还相对安定。到1938年，为了防备日寇进攻福州，当时福建省政府决定，省福中内迁沙县，由于父亲在省福中任教，我们全家也随往。后因我水土不服,腹泻不止,遂又回福州。那时我们家就住在福州西门街59号,靠近福州的西湖公园。住宅宽敞,房子有天井,天井里还摆放着一些花盆,种着文竹等花草。当时父亲还开办了"竹林英语补习班",招有二三十名学生。家里有很多存书,一些外文词典,又厚又重,我搬也搬不动。我的母亲毕业于福州师专,后又就读于政法学院法律系,毕业后先在小学当老师,后在法院工作,任书记员(文书)。大姊、二姊已经出嫁,家中就留有我们五个兄弟姊妹。兄弟姊妹和睦相处。由于有五个小孩,还雇佣了两个保姆。那时,我家的家境还是蛮好的,经济情况比较宽裕。父亲在几所中学里教书上课,每月收入大洋200元左右。吃饭时总有四菜一汤,还有水果吃。

1941年日寇进犯福州以后,我家的平静生活就被打破了。当年4月,日寇占领福州,到处抢掠。有一天,两个日寇士兵撞入我家,翻箱倒柜地进行搜查。他们搜到了一块亲戚寄放在我家的手表,父亲就解释说:"这是我亲戚寄存的手表。"当场就挨了一记耳光。那时,我还小,见了父亲被打,就急得大哭起来。此事过后,父亲感到在福州人身不安全了,准备逃离福州。这时,我二姊和姊夫都在协和大学,抗战时期协和大学已经迁往邵武。父亲比较担心我的哥哥和我的安全,由于父亲还在福州上课教书,加上我的外祖母年老有病,行动不便,暂时还不能离开福州。父亲就让母亲带着兄弟姊妹逃难到邵武去。于是,就由母亲带我们经由南平去邵武。

邵武在闽江的上游,我们乘着轮船溯江而上。在逃难途中,由于船舱顶棚上装载的行李超重,发生了顶棚坍塌事故。我被压在船舱底下,当时一根大木头横压在我的腿上,一时动弹不得,压得我大哭起来。母亲急忙出钱请人把我救出,我总算逃过一劫。轮船的顶棚修过以后,母亲又抱我进了船舱,一进船舱,刚才的场面又在我的脑海里浮起,我又吓得大哭起来。由于我受了一次惊吓,全家就不能在船舱里过夜了。到晚上,母亲没有办法,只好在河岸边摊上一块布,当天夜里我们全家就都睡在岸边露天过夜。直到第二天即将开船,在母亲的一再哄劝下,我才进了船舱。

到达邵武以后,我们就住在二姊夫的家里。在邵武,因水土不服,我一直腹泻不止。待到日军从福州撤退,母亲才带领我们又回到福州,而三姊怡杉留在邵武读书,四姊怡熹和五姊辛未则留在闽清读书。

1944年10月,福州第二次沦陷。父亲带着母亲、哥哥和我逃离福州。这是我家的第二次逃难。我们先是到了闽清,住在大姊夫家里。以后又随福州的地方法院迁往鸿尾(今属闽侯),当时,母亲就在这家法院当书记员。我家就在鸿尾租借了一间农民房屋居住。这间房屋搭有一个阁楼,我们全家就睡在阁楼上,烧饭、吃饭等都在楼下。从楼下上阁楼的扶梯很陡。有一天,我和哥哥提水上楼,我不慎跌了一跤,整个身子沿着扶梯滚了下来,下巴被划开了一个大口子,血流不止。因为是在农村里,一无医生,二无药品,日久以后,伤口就化脓了,我的下巴疼痛不已。父亲只能每天用毛笔蘸了冷开水为我清洗伤口,以致到今天我的下巴还留着一块疤痕。

在鸿尾,父亲还染上了肺病(肺结核)。那时肺病是很难医治的,医用的抗生素针要以黄金论价,自然就用不起了。于是,我父亲病情日益严重,卧床不起。到了1945年农历二月初,他自知来日无多,便把母亲、哥哥和我叫到床前,又叫哥哥拿来纸笔,父亲就在哥哥给他的小学生作文簿上写下了"薄棺葬我,弟妹要读书"几个字,这就是父亲留下的遗嘱。不久,农历二月初十,父亲去世,年仅59岁。这时,离抗战胜利只有半年,可惜父亲没有看到抗战胜利的到来。

父亲生前十分重视对子女的教育。福州沦陷后我们家道日益艰窘,父亲常说的一句话是:"即使米缸没米,小孩也要读书。"他自己是教师,对子女强调身教言教。从我5岁开始,就教我读书识字,还经常对我们讲述福州林氏家族中的名人事迹,给我印象最深的是林则徐禁烟和抗英的故事,以及林觉民、林旭等烈士的事迹。父亲为人正直,重视民族气节,对我幼小的心灵产生很大的影响。

# 二、从三牧坊到文儒坊

## 和林觉民做"校友"

　　1945年8月，抗战胜利以后，我家从鸿尾带了父亲的棺木迁回福州。以前我家租借的西门街住宅已经另有人居住，母亲就想投靠亲友来解决住房问题。我家正好有一个姨公叫龚春霖，他在上海英商开设的百代唱片公司当营业部主任，当时被称为外商的"华经理"，就是现在人们称的高级职员。他是福州协和大学毕业的，他和会计部主任都具有与英国籍经理进行沟通的英语水平。当时上海的百代唱片公司除了生产技术部门以外，下面主要就是两个部门，一个是会计部，主任由广东籍"华经理"担任，其次就是我姨公龚春霖任主任的营业部。那时，他已经在百代公司任职了近十年，有了相当的积蓄。他在自己的家乡福州东街三牧坊买下了一套大宅院，住房面积大，庭院也十分宽敞，还带有花园。许多房间还空着没人住。所以就让我们全家都搬到他那大宅院里住了进去，不收我们的房租，但是两家人经济还是分开的。他们家"酒肉天天有"，我家则粗茶淡饭，形成明显的对比。

　　迁居三牧坊后，我在三牧坊附近东街的福州实验小学读书。读到四年级时，遇上1949年8月福州的解放，我参加了少先队，系上了红领巾。那时心中十分高兴，常常出去上街兜兜圈子，希望遇上小伙伴，相互敬个少先队队礼，心底里甜滋滋的。抗美援朝开始后，我在学校里画了一张画，内容是画中朝人民共同反对美帝侵略，被学校选中贴在校园的墙壁上，这件事，至今在我的脑海里还留有印象。

　　小学毕业以后，我进了福州第一中学读初中，校门就在三牧坊我家的斜对面,走路上学只要5分钟。福州一中是一所历史悠久的名校,其前身是创办于嘉庆二十二年(1817)的凤池书院和创办于同治九年(1870)的正谊书院,1901年两所书院合并,后来形成为福州第一中学。它就是我父亲原先教书的学校。辛亥革命前的黄花岗七十二烈士之一林觉民就是该学校的早期校友,我小时候就从父亲那里听到了他著名的绝笔书。在福一中,我还遇见了终生难忘的班主任老师朱以南,她也是我的语文老师。她的讲课,条理清晰,富有启迪性。她介绍了很多古代散文做课外阅读教材,对我帮助很大。我在福一中作文成绩很好,朱以南老师批改作文分数打70分的已经很好了,我常常得80分。我的作文常被朱老师当作范例讲解,还评上了奖,这对我是一个很大的鼓舞。从此,我对语文课有了更多的爱好,对地理、历史等文科课也有了爱好,成绩进步很快,开始奠定了我对文科的学习基础。

初中毕业以后,我转到了福州第二中学读书,还与朱以南老师保持着联系,通通信件。直到"文革"爆发,我被打成牛鬼蛇神,彼此才失去联系。一直到1993年,中国民主促进会在山东济南召开华东六省一市的工作交流会,我是作为上海代表与会,朱以南则作为福建的代表与会,我们一对失去联系的师生竟在同一党派的工作会议上相逢,两人不期而遇,真是百感交集。当我刚看到她时,大声呼喊:"朱老师,还认得我吗?"朱老师紧紧握着我的手,喃喃地说:"记得,记得,你是林丙义,我们又见面了,太好了,太好了!"朱老师告诉我她在"文革"中的苦难经历:被隔离审查、批斗、监督劳动、挨打受骂,几乎家破人亡……她又说,在这次会议上,从《上海民进》刊物上看到关于我的消息,那是一份介绍我当上全国优秀教师的报道。由于她与我在"文革"中有过相似的遭遇,就边看边哭,感慨万千。

这次会议结束后,朱老师回到福州就将我的情况转告了同学,并要我抽空回到福一中看看老同学、老朋友。后来我就专程回过福州一次,与老师、老同学聚会。在聚会时,我得知母校的确是一所了不起的学校,仅中科院的院士就出了九个。我们这次师生会面,重新沟通了我和母校的联系。

不久，在福州第一中学的校志《巍巍福中》里介绍了我的事迹。在2005年学校的年鉴里，还再次介绍了我的事迹。

## 迁居"明清建筑博物馆"

1954年，也就是我初中毕业那一年，姨公龚春霖因家道衰落，经济困难，准备变卖三牧坊的房产。原来我姨公龚春霖所在的上海百代唱片公司，在抗战时期就受战争的影响，销路大减。抗战胜利以后，内战又爆发，国内的销售继续锐减。在30年代初中期，公司的人员曾多达一千五百名，到1948年，公司的人员就只有一百零五人了。1949年4月公司的外国资方以唱片的销路不良为由，宣布停业，并从中国撤资。于是姨公就失去了上海百代唱片公司那份营业部主任的职务，经济陷入困境。

在无可奈何的情况下，我们移居福州南后街文儒坊65号居住。文儒坊这座住宅是母亲的娘家，是祖传的房产，据说母亲也有一份房产权。因为，兄弟姊妹一多，产权就分散了。我母亲只是其中的一支，又是女的，只有很小的一份。住宅的面积也不小，我们住的是花厅的几间厢房。

文儒坊是福州著名的"三坊七巷"之一。因为这里是母亲本家所在地，我小时候常来玩。三坊是：衣锦坊，文儒坊，光禄坊；七巷是：杨桥巷，郎官巷，塔巷，黄巷，安民巷，宫巷，吉庇巷。这些坊巷加上南后街，是早在唐末五代就开始逐渐形成的古代街区，如今保留下来的多为明清建筑，所以又被称作"明清建筑博物馆"，其中有十五处被列为全国重点文物保护单位。

三坊七巷，地灵人杰，名人故居，星罗棋布。在中国近代史上，严复、沈葆桢，林觉民，林旭……他们的生活背景或多或少都映现在三坊七巷。有人统计，由三坊七巷走出的近现代文化政治精英，竟达百余人。文儒坊也是人才辈出。在1958年前，虽然坊内住宅十分破旧，但门上挂有"状元""解元""进士"等御赐牌匾的就有十余家。我家大门上也有一块"进士"的牌匾，据说是母亲祖辈某人留下的。文儒坊19号是林则徐母亲的故居,后来又成为民国海军第一舰队司令陈季良的家。陈季良是抗日名将,在1937年9月江阴保卫战中,面对敌机狂轰滥炸,他率舰队浴血奋战,身负重伤,死后被追认为海军上将。文儒坊51号是清朝乾隆时名将甘国宝的故居。甘国宝历任福建提督、台湾总兵等职,他一生中最精彩故事是在台湾写下的,他保卫了台湾,抗击了倭寇,因此成为海峡两岸共同纪念的名人。2003年福建成立关于他的研究会,同年台湾也成立"甘国宝历史文化研究会"。文儒坊尚书里,则有明朝抗倭名将张经的故居。当时,使我感到惊奇的是,在文人雅士扎堆的文儒坊,竟出现过这么多的名将。

文儒坊斜对面的宫巷,有林则徐之子林聪彝的故居。林则徐本人的故居也在文儒坊附近,现已成为林则徐纪念馆。

我在少年时代就熟悉三坊七巷,我和同学曾经按照自己所知道的名人,走街串巷,寻找他们的故居……就这样,身边这些乡贤逐渐潜移默化,成为我心中的楷模,其中影响最大的是林则徐。林则徐写有"海纳百川,有容乃大;壁立千仞,无欲则刚"的对联,是对山河雄伟的赞美,也是比喻做人要胸怀宽广,既要有宽容的性格,又要为人正直,不要有私欲,才能刚强。我一直把林则徐写的"无欲则刚"四字作为自己的座右铭。

住进文儒坊65号以后,我就转到离家较近的福州第二中学高中读书。在这期间,我又遇到几位终生难忘的老师。有位教历史的老教师,北方口音,讲课有声有色。他选择课本内容讲故事,学生听得津津有味,几乎忘记了下课。我高三时的班主任是位语文老师,自称是我父亲的学生。他上课的特点是结合教学内容提出问题,让学生讨论。有一次,上课的内容是"列宁的故事",由于我回答问题比较好,他就称赞我是"小列宁",这样"小列宁"就在班级里传开了。这种以表扬为主的教育方式,对提高学生的积极性起着极大的作用。在老师的鼓励下,我参加了全校学生的作文比赛,还得了奖品,是一本有校长乐澄清题词的笔记本。

班主任老师对我的鼓励,使我对自己的要求更高了,前进的动力也更强了,我的进步自然就更快了。由于我有这段充分享受来自老师对学生鼓励的阳光经历,所以我在以后的教师岗位上,对学生也经常采用表扬的方法,重视调动学生自身的积极性,主张在教育中对学生以鼓励为主,引导学生健康成长。这种教育学生的方法,还是非常有效的。

在福二中最后一年,也就是1957年,学校开展了"整风反右"运动,给我留下了深刻的印象。这年5月,学校党支部进行整风,召开各种座谈会、讨论会,动员教职员工向领导提意见和建议,校园里也出现一些大字报。但是到了7月,"整风"变成"反右",一些提过激烈意见的教师被打成了"右派",其中包括一些平时颇受学生欢迎的教师。这些事使我感到疑惑,百思不得其解。回到家里,我把事情告诉母亲,母亲却说:"以后碰到这类政治事情,还是不开口为妙,祸从口出。"于是我开始远离政治,"两耳不闻窗外事",埋头读书。

在文儒坊期间,哥哥考取了复旦大学物理系,离开了福州,家里只剩下母亲和我两个人。母亲见我语文成绩比较好,就指导我阅读《古文观止》等书籍。其中诸葛亮的前后《出师表》,李密的《陈情表》,刘禹锡的《陋室铭》以及一些唐诗宋词,我都能背诵,这就为我以后阅读古籍打下了基础。

# 三、复旦五年

我在复旦大学读书是从1957年秋天到1962年秋天,这段时间正是我国社会主义建设的探索时期,我们在社会主义的建设上走了一段弯路。这些,对我们复旦五年的学习和生活带来了比较大的影响。

## 走进浩瀚的书海

1957年秋天,我从福州第二中学高中毕业,准备考大学。当时的大学是面向全国招生,但是升学考试比较难。据说全国只招大学生十万,其中有两万多的名额是专门给调干生的,只有八万名是给高中应届毕业生的。我在中学的时候,文科成绩一直比较好,班主任老师也认为我考取大学的文科是没有问题的。但是在填志愿时,为了有更多的选择和给学校录取的机会,不能只填单一的学校和专业。所以我的第一志愿是北大的中文系,第二志愿是复旦的历史系,当时一次就可以填十二个志愿。我之所以要填复旦大学的志愿,是考虑到我的三姊林怡杉就是复旦数学系毕业的,我的哥哥那时还在复旦物理系读书。结果我就被复旦历史系录取了。当时从福州到上海的交通还不方便,直达火车还没有开通,我要先到鹰潭,再换乘抵达上海的火车,所以路上还是比较辛苦的。好在一到上海,我哥哥就在车站接我了。

到了复旦,使我最喜欢、最满意的是复旦图书馆,它藏书很多。能徜徉在这片浩瀚的书海中,一直是我在中学时代就梦寐以求的目标。复旦五年,除了在寝室、教室,我最多的时间就是在图书馆里度过的。我在复旦读书时期,生活费是由三姊怡杉和姊夫蒋同泽负担的,当时他们都在解放军通信学院任教,按月给我寄来20元生活费。那时,复旦学生食堂每月伙食费为12元5角，所以我每月还有7元5角的零用钱，这些零用钱包括买书、洗澡、看电影、买衣服等，还包括每年回家探亲的路费。这对我来说，已经很满足了，但对我三姊和姊夫来说，却是一笔不轻的负担，至今我对他们仍有一种感恩的情怀。

1957年进入复旦大学历史系的学生有一百人，绝大多数是男生，女生只有三位。这一百个学生的来源有三类：一是应届高中毕业生，据说我们这一届学生录取的分数线还比较高，时任历史系主任的谭其骧教授说：这届学生有培养前途。二是调干生。所谓调干生是机关团体、国营企事业单位以及解放军系统的职工，经组织调派到复旦学习，也有是经本人申请组织批准，离职报考到复旦学习的。三是原来外语学院读俄语、波兰语的学生，转到复旦来的。我们年级的特点是调干生特别多，他们多数是出身好、政治表现进步、领导信任，年级的学生干部多由他们担任。我们进复旦以后，政治运动连续不断，而在运动中起带头作用的，主要是调干生。也由于这个特点，所以年级的政治气氛尤为浓厚。

我们进入复旦的时候，复旦的"反右"斗争已经进入了尾声。但是我们新生还是积极参与到"反右"斗争中去，主要是参加各种会议，讨论一些政治问题。在我的记忆中，在我们年级的讨论会上，发言最积极的都是一些调干生，应届生发言很少，我就属于后者。究其原因，就因为我们应届生社会经验少，又缺少发言的锻炼，所以一碰到这些政治问题，我们发言都比较少。特别对我来说，我所在的福二中就有中学老师被打成"右派"的。我已经有一点"祸从口出"的教训，认为政治问题还是少说为妙。虽然发言少，但是不等于我对一些问题没有思考。例如，对"苏共二十大"、反对个人迷信，这到底是怎么回事？我很想搞清楚。我曾经到处去查赫鲁晓夫的"秘密报告"，但是怎么找也找不到。其实，当时通过正常的渠道，这些资料是不可能看到的。

**馒头成了珍贵物品**

紧接着"反右斗争"的是1958年开始的"大跃进"，复旦在"大跃进"

时期的活动很多,一项接着一项,不但年轻人难以理解,就是我们这样的过来人,当时也搞不清楚。我总体有个印象,就是运动开头轰轰烈烈,后来结束就无声无息了。

最大的一件事是"大炼钢铁",开始时是要钢铁产量超英赶美。1957年我国的钢铁产量是535万吨,1958年就要为1 070万吨指标而奋斗,产量要翻一番。要达到这样一个高指标,原来的设备当然就不够用,于是就搞起了全民大炼钢铁的群众运动。复旦也筑造了大量的所谓"小高炉",炉火日夜不熄。"小高炉"筑起来了,问题是没有炼铁的原料,于是就动员同学到处寻找废铁,甚至把铁门、铁轨都拆下来当原料。炼出的成品却是一批没有用的东西。1958年下半年,我们年级都在大中华橡胶厂劳动,对于校园大炼钢铁没有直接参加。当时我收到母亲的一封来信,我家里原先有一个铁床,还是我父亲留下来的,几次搬家都舍不得扔,我们家搬到文儒坊的时候还在用,从小到大我们就睡在铁床上,舍不得丢。因为要大炼钢铁,结果通过里委干部来动员,要献出铁床当原料。结果,好好的铁床,经过"小高炉"一炼,就炼成了废铁。后来彭德怀在庐山会议上评论大炼钢铁时说:大炼钢铁是"得不偿失"。其实,凡是参加了当时大炼钢铁的人,大家心里都明白,都有这个想法,只是嘴里不说而已。后来还有个说法是,大炼钢铁不能只算经济账,还要算政治账,我思想上感到莫名其妙。

还有一件事是围剿、消灭麻雀。1958年5月上旬的一天,全上海搞除"四害"运动,打响了消灭麻雀的"人民战争"。复旦大学也不例外,派人在校园各处分兵把守,摆出了围剿麻雀的浩大阵势。我们年级负责老教学大楼附近的一片地区,有的同学爬上了竹梯,挥舞红布、红旗,只要见到麻雀飞来就大声吆喝。多数同学则敲打脸盆,对麻雀进行驱赶。据说,红色是麻雀见了害怕的颜色,发出巨大的声响也是驱赶麻雀的一种手段。设计这场人雀生死战的初意就在于使麻雀没有喘息的时间和落脚的地方,试图迫使麻雀在飞行中耗尽精力,等待麻雀力竭不支后一只只坠地倒毙。刚开始时,这场人雀大战确实是吓得一些麻雀蒙头转向、魂不附体了。经过一番折腾，到后来一些聪明的麻雀就被逼进了矮树林里、屋檐下，居然不见了踪影。结果，也没有多少人看到麻雀一只只坠地倒毙，大多数人也没有逮到麻雀，战果自然不丰。开始宣传时将麻雀列入"四害"之一，仿佛是人类的大敌。到后来，麻雀也在"四害"中除了名。有的科学家说，经过对麻雀吃下的实物的分析，它不属害鸟，它既吃粮食，也吃害虫，有利有害，利还多于害，于是给麻雀正了名。这样一来，一场事先没有调查论证，用拍脑袋来代替决策的消灭麻雀的运动就无声无息地告终了。

再有的是挑灯夜战。在"大跃进"的年代里，为了烘托"大跃进"的气氛，复旦校园里每夜都是灯火辉煌。同学们在教室开会、学习，在图书馆看书，人人都要忙到深夜，校领导也在深夜到各处检查，生怕哪里出现了薄弱环节。于是，大家都学会了熬夜。熬夜也有熬夜的好处，因为是"挑灯夜战"，晚上还有点心好吃。特别是到了12点钟以后，食堂免费开放，实际上有些同学熬夜就是为了这顿点心。但是到了1960年，这顿免费的夜点就取消了。接着物资短缺，供应紧张了。开始是某些商品紧张，后来就是"困难时期"到来。其实"困难时期"早在1959年就开始了，只是当时还想撑住，上海还感觉不到。到了1960年，撑不住了，困难就显示出来了。但在整个困难时期，上海还是得天独厚的，粮食基本上还是能保证定量供应，只是副食品供应非常紧张。1960年开始，复旦食堂就很难看到荤菜了，都是些蔬菜。这样就产生了肚子油水不足，没油水。导致了人们的饭量大了起来，出现了吃不饱的问题。当时我们每天上午要安排四节课，最后两节课时，肚子就饿了。下课铃声一响，大家都拿着饭碗往食堂跑。在困难时期，虽然大家都感到饿得很难熬，饭吃不饱，但在开会时，还是众口一词："形势大好，比任何时候都好。"党委副书记徐常太在登辉堂做报告说："什么叫形势大好？因为不是中好，更不是小好，所以是大好。"在报刊上也没有关于饥荒的消息和报道。

当时，我就经历了两件事。一次，我到上海图书馆查资料，因为要在图书馆待一天，中午我就去马路上买了一个油饼，自己还没有咬一口，就被人抢走了。抢油饼的人衣衫褴褛，面黄肌瘦。抢了油饼，那人就在马路上公开地吃起来了。路上围观的人很多，也没人出来干涉，我也只能无可奈何。第二件事是1960年放暑假时，我回福州探亲，学校食堂对外地的情况是有所了解的，所以规定每个回乡的学生可以用饭票买五斤馒头，供路途充饥。我乘火车回福州，一下火车就感到满目凄凉。从火车站到家里的公共交通车也没有了。由于行李较多，我就想办法找了个人力车，那个车夫见了我带的馒头就说："我帮你送回家，你要给我两个馒头。"在这样的情况下，我只好答应了。他就把我送到了文儒坊，还帮我搬运行李，拿了两个馒头还对我千恩万谢。到家以后，五斤馒头成了珍贵的物品。后来我才晓得，在发生饥荒的岁月里，福州供应的粮食里已经开始掺杂很多杂粮，白面馒头已经成了稀缺的食品。包括我母亲在内的亲戚朋友们个个面黄肌瘦，福州城市也一片萧条。

在复旦校园里讲的是形势大好，走出上海看到的是满目凄凉。这样，我们年级当中有些同学开始对"大跃进"、大炼钢铁、大办食堂产生了怀疑，尤其是姜义华同学，他从宏观方面提出问题，就社会主义时期阶级关系、国内基本矛盾、"三面红旗"（总路线、大跃进、人民公社）等提出与主流意识不同的看法。他认为中国在社会主义建设问题上主要危险不是所谓右，而恰恰是指导思想上的"左"。这些观点现在看来非常正确，但当时却是属于"大逆不道"。于是，我们年级就开展了对姜义华的批判。在批判中，原来有些是同意姜义华观点的人，现在摇身一变开始批判姜义华了。对这种现象，我心里一直是有看法的。我是同情姜义华的，但在当时环境下，谁也不敢出来为他辩护。一直到了大学毕业后，姜义华被分配到内蒙古的一个学校，后来说他在"政治上没有毕业"，又重新调回复旦，当反面教员。我刚被分到虹口中学时，姜义华还来我校看过我。

在困难时期，特别是1960年以后，党的政策做了一些调整，复旦大学也开始放松了革命的节奏。当时，我觉得政治运动减少了，读书做学问的时间多起来了，所以困难时期也是我们读书学习的大好时期。以前，我总感到在复旦的读书学习时间太少,受到政治运动的干扰太多。从1960年开始,我们可以认认真真地做点学问。

## 回忆陈守实、周谷城教授

我在复旦就读五年,听过许多名师的讲课,如周谷城、周予同、陈守实、谭其骧、耿淡如、张世禄、金冲及,等等。其中对我影响比较大的,应数陈守实和周谷城教授。

在当时复旦历史系中,陈守实教授是以对马克思主义理论有精深研究而著称的。据说他精读马克思的《资本论》达五遍以上。我听陈先生的课有《明清史》《中国史学史》《中国土地关系史》,其中使我特别感兴趣的是《中国土地关系史》。陈先生认为:如果说,解开资本主义社会形态秘密的钥匙是资本,那么解开前资本主义社会形态秘密的钥匙就是土地。我当时选择的专业是中国古代史,是属于"前资本主义社会",为了掌握解开秘密的钥匙,就把中国古代土地关系史作为将来研究的方向。

陈守实先生讲课经常有一些新的精辟独到见解,而他自己很少用这些见解来写文章,而是对学生说:"这个问题从来没人讲过,你们可以拿去写文章。"我的毕业论文《试论曹魏屯田制》就是根据他课堂讲的一些观点,结合具体史料写成的。这篇论文由陈先生指导,我交给他后,得到了他的很高评价。记得有一次上课,他进课堂就问:"哪一位同学是林丙义?丙义君是哪一位?"我就站了起来,陈先生就走上前对我表扬了一番,他还继续鼓励同学用他的观点去写文章。

在陈先生的指点下,我开始阅读《资本论》《剩余价值学说史》等经典著作,收集有关中国古代土地、赋役制度等史料,并做笔记和卡片。这项工作我一直延续到大学毕业以后。直到"文革"爆发,我被抄家,这些笔记、卡片资料全被红卫兵抄去。当时,我住在学校,这次抄家非常彻底,除了笔记、卡片外,还有全部书籍和资料,并都作为我的"罪证"。于是,我对中国古代土地、赋役制度的研究就此被迫中断。

"文革"结束后，我也曾经想把对中国土地关系史的研究工作继续下去，但由于种种原因，始终未能如愿，这成为我一生中的遗憾。但是陈守实先生精深的学术观点，我一直没有忘记。1993年1月，我在《上海教育学院学报》上发表一篇文章，题为《论中国封建土地所有权与统治权分离的历史趋势》。文章是通过中国封建土地所有权与统治权分离的趋势，说明土地私有权如何摆脱"一切传统的附属物"，走向独立化的过程。然而，只有到了资本主义社会，"地产这个私有财产的根源"，才取得纯粹的经济形式。这些观点，实际上就是陈先生当年在课堂上讲过的，我这篇文章只是对他的观点作了发挥和史料补充。这篇文章发表以后，还受到了学术界的重视。当时，社会上正在进行产权问题的讨论，土地所有权问题引起了社会的注意。

周谷城教授对我的影响也很大。我们进复旦的第一个学期，周谷城先生就为我们开设"世界上古史"课程，每周一次，每次四课时。他讲课分两部分，前一部分是拿着讲稿照本宣科，并在黑板上写了详细的板书，逐句做解释，我们则一边听一边记笔记。后一部分是"开无轨电车"，讲文化界的轶事和他的一些学术见解，包括他年轻时和毛泽东交往的故事，这部分却是我们最喜欢听的。有一次，他因故没有来上课，听说是毛泽东召他到杭州聚会，确有其事。他回上海后就在课堂上讲述了这次与毛泽东会见的情况。在他的讲课中，我们比较早地知道了毛主席的妻子江青的一些事。

我对周谷城先生有比较深刻的了解和钦佩是在1961年以后。从1961年到1962年，周谷城先生在报刊上发表了《史学与美学》《礼乐新解》《艺术创作的历史地位》三篇文章，提出了"无差别境界""时代精神汇合论"等观点，轰动学术界。这些观点我到现在印象还非常深刻。譬如，"时代精神汇合论"，简单地说，就是每一个时代的精神是由各种思想理论汇合而成的，不是一种单一的思想。当时报刊上反复宣传的是时代精神只有一个，就是革命精神。周谷城的看法就是说：革命精神是时代精神，是对的，但说时代精神就是革命精神，就不对。就像说张三是人是对的，但是说人是张三就不对一样。实际上，他的这种观点就是提倡时代精神是多元的，是文化多元论。"无差别境界"论，实际上也是针对当时提倡的斗争哲学而提出的，因为毛泽东的哲学，简单说就是斗争哲学，一切讲差别，讲矛盾，讲斗争，讲阶级。"无差别境界"就是讲有时也有一种没有矛盾的境界，人和自然界进入了一种无差别的、没有矛盾的境界。实际上也是针对社会上的这种斗争哲学提出来的。我认为周谷城的文章是很有道理的。不过周谷城的观点当时受到"左派"文人姚文元等人的围攻，上纲上线。周先生毫无畏惧，孤军作战，发表多篇文章进行反驳。在当时学术文化界的"左"倾思潮愈演愈烈的情况下，我对他敢于坚持真理、不顾政治风险的学术勇气由衷地感到钦佩。

1962年秋天，我从复旦毕业，分配到虹口中学任教。我对虹口中学老师和学生详细地介绍过周谷城的观点，并表示"姚文元不一定能赢周谷城"。1965年底，在《海瑞罢官》的讨论中，我发表文章批驳姚文元，"文革"时被关进"牛棚"。从红卫兵到工宣队，每次批斗时总是要问我一句话："你写这篇反动文章时，与复旦反动学术权威周谷城、陈守实有没有联系？"我老实交代："没有联系，但思想上确是受他们的影响。"

我最后一次见到周谷城先生，是1993年9月23日。那次我作为上海中小学"一期课改"历史教材常务副主编和复旦的老同学程栋（教材副主编）一起到华东医院看望了周谷城。我们向周先生送上了我们编写的历史教科书，并详细介绍了这套课本的编写构想、内容和体例。当时，周谷城先生已经九十五岁高龄，他还饶有兴趣地翻阅了课本的有关部分，高兴地对我和程栋说："这套教材编得好，很有特色"，"印刷、插图质量也很好"，"你们做了一件大好事"。周先生不但高度评价了我们上海教育学院组织编写的历史教科书，听说这套课本的主编是沈起炜时，他还说道："沈起炜是有学问的。"（在周谷城先生任上海市历史学会会长时，沈起炜曾担任学会的秘书长，他们两人在工作上有很好的合作。）这次见面时间较长，谈了足足半天时间。我们编写的教材得到周先生的高度评价，我和程栋都感到十分高兴。

## 发表第一篇论文

1962年初,我在复旦图书馆阅读《新建设》杂志(1961年第5期)时,看到了著名历史学家唐长孺先生的文章,题为《中国封建土地所有制问题的探讨》。由于文章涉及的土地制度正是我十分感兴趣的问题,所以我就对文章作了精读。唐先生的文章对我很有启发,但对他在文章中"赋税和地租是有区别的,但是在封建土地所有制下,本质上同样是基于土地所有权而加之于劳动者的经济形式"的说法,我认为值得商榷,特别是对地主经济下的封建赋役而言。

于是我就准备写文章与唐先生商榷。由于我平时已经收集了不少有关中国古代土地和赋役制度的史料,所以写作就比较顺利。写完后就投寄给武汉的《江汉学报》社,文章的标题为《地主经济下封建赋役征敛的基础》,主要内容是:在地主经济下,直接生产者的剩余劳动和剩余产品被分割为赋役和地租两种形态,分别为封建国家和地主所占有。国家不是一种经济势力,它不需要凭借着对生产资料的垄断来占有直接生产者的剩余劳动和剩余产品。中国封建社会的绝大部分时期内,赋役的征敛是基于封建国家对臣民的人身占有,而不是基于国家的最高土地所有权。我的这篇文章多次引用了马克思在《资本论》里的观点,引用的史料也比较丰富。

据说,这篇文章的精彩之处是我对土地基本属性的论述:"土地不是劳动的生产物,其本身没有任何价值,所谓土地所有权是和土地有关的人与人之间的相互关系,而不是单纯的人与自然的关系。因此,当劳动不在某块土地上实现时,这个地体的一部分既不产生地租,也不产生占有和使用上的冲突,这种土地是不存在所有权的。地主和封建国家要使土地产生价值……首先必须使劳动与土地结合,因此封建压迫的根源,不是居民土地的被剥夺,相反,而是居民被固定在土地上……"这些论述可以说是"与众不同",它是来自陈守实先生《中国土地关系史》的课程讲授,也包含我当时学习《资本论》的一些心得体会。

这篇文章发表于《江汉学报》1962年第3期上，不久，我就收到《江汉学报》社给我寄来的40多元的稿费，相当于那时一个中专毕业生一个月的工资。这篇文章约4 500字，若按字数计算，大约合每一字一分钱。那时，一只大饼3分钱，一碗豆浆2分钱，上海人的早餐大饼、油条、豆浆一共一毛钱，已经相当丰富。可见那时的稿费还是相当高的。稿费的多少，对一个刚要毕业的学生来说还算是次要的，重要的还在于这是我发表的第一篇学术论文，是我在复旦大学期间的学习成果。

这篇文章的发表也引起了一些同学的注意。当时和我同住一间寝室的赵克尧同学，曾向我"讨教"发表文章的"窍门"。我对他说："写与名家商榷的文章，容易发表。"赵克尧对我这篇文章的某些观点有不同看法，就写了《读〈地主经济下封建赋役征敛的基础〉一文》，后来发表在《江汉学报》1962年第6期上。我曾想写文章与他"再商榷"，但那时已临近毕业，大家忙于应付考试，写毕业论文，所以就把这件事搁了下来。

我的同窗赵克尧现在已经去世。每当我回忆起当年与他在寝室里相互争论的情景，真是不胜感慨。

### "痛哀慈母今宿土"

我在复旦毕业的前夕，母亲因病去世，而我听到这个消息却是在毕业考试之后。当时年级的党支部书记邹万春找我谈话，说学校接到我在福州的两位姊姊来信，说我母亲因患癌症去世。姊姊在信中还说，希望这个消息等我毕业考试结束后再告诉我，以免影响考试，所以他现在才告诉我。我听到这个不幸的消息后，万分悲痛，急忙向同学借了200元钱，赶回福州。我到达福州时，在大姊、二姊的操理下，母亲的后事已经处理完毕。我只得带着纸钱和供品，到母亲墓前奠祭。在母亲墓前，我回忆母亲生前的养育之恩，禁不住痛哭起来。男儿有泪不轻弹，只因未到伤心处，如今已到伤心处，就让泪水尽情地流吧！

自从我父亲去世后，母亲靠微薄的工资养育着我们五个兄弟姊妹，经济十分困难,直到三姊大学毕业后,我家经济情况才略有好转。在艰苦的环境下,母亲从不放松对子女的教育,她常说的一句话是"人穷志不穷"。我们五个兄弟姊妹,除了四姊怡熹中专毕业外,三姊怡杉、五姊辛未、哥哥甲宜,都毕业于著名的大学,后来都成为大学教授或主任医师。我的母亲,可以说是中国千万个母亲的缩影,宁可自己辛苦,也要把子女培育成才。

母亲身患乳腺癌,生病时又遇上"三年困难"时期,物资短缺,营养不良,加速了病情的恶化,去世时年仅60岁。在复旦读书时,我每次回家探亲,总是对她说:"等我复旦毕业后,找到工作,一定寄钱给你改善生活。"想不到的是:在我即将毕业的时候,母亲离我走了,没有看到我的毕业证书,真是遗憾!回想这些,我总感到愧对母亲。当时,我曾写了首悼念母亲的诗寄给我哥哥,其中有句:"痛哀慈母今宿土,不留老眼待儿归!"

# 四、任教虹口中学

第一次登上讲台

我是1962年秋季从复旦毕业的,当时困难时期刚刚过去,国民经济面临着全面调整,到处都在精简职工,控制城镇人口,大学毕业生分配十分困难。所以我们在复旦待了好几个月才分配。我们这一届毕业生分配基本上有这么几种情况:一部分到部队去,听说当时林彪有一个讲话,说地方有困难,大学毕业生分配不出去,我们部队要吸收一部分。于是一部分人就进了部队,这一部分同学后来都很好。我的一个同乡同学叫杨启如,他分配到内蒙军区搞新闻工作,退休时候是大校军衔。还有一部分是留校的,像许道勋、赵克尧、樊树志、郑宝恒等。有一部分学习世界史的同学去了外贸局,也有一部分同学分配到外地的文化教育单位。很大一部分同学分配到了中学。

我就分配到虹口中学,当时的虹口中学在武进路86号,就是现在第一人民医院后面,这个旧的校址现在划给了第一人民医院。我先去虹口区教育局报到,工作人员说虹口中学要你,路很近,前面就是虹口中学,走几步路就到了。我就去报到了。我刚到虹口中学,试用期一年,第二年开始转正。当时的月工资是48元5角,第二年算转正,工资58元5角。这样的工资一直拿到"文革"以后,一连十八年都没有加。后来晓得,从1962年开始,工资就冻结了。

进了虹口中学,我就开始准备上课了。一上课,我才发现,复旦培养学生的路子和师范大学培养学生的路子是不一样的,师范学院毕业的学生有一个到学校搞教育实习的过程,毕业的学生对教学比较熟悉。我们一开始对中学教材不熟悉,对中学教学更不熟悉。我们不了解中学教学的实际,所学的东西是和中学教学有点脱节的。不过历史总归是历史,我对历史专业还是有些把握的。

进了虹口中学,摆在我面前的第一件事就是怎么上讲台?我当时就关起门来看教材,看有关的资料,开始写教案。由于没有上讲台的实践经验,所以一节课到底怎么讲,我心中是无数的。第一次我上课的时候,就发现教案写得太多了,结果一堂课来不及讲。第二次上课时,准备的内容减少了,又出现在讲台上没有内容可讲。靠着自己一点一点的摸索,才渐渐地熟悉课堂教学的规律。其实,在我们分配到中学任教的同学中,都有一个适应中学教学的过程。例如有位同学没有手表,上课就用闹钟摆在讲台上,否则时间没办法掌握。有的同学是对着镜子先讲一遍,把一节课教学内容背下来,才进课堂。慢慢开始熟悉中学的教学,我们就从这样开始,走上了中学的讲台。到了1965年,我已经对怎样上课摸出了一些规律,加上有的内容已经教了几遍,我已经可以做到不带课本,只带两支粉笔,一节课两支粉笔讲到底。

**教书不忘治学**

经过几年的教学实践,我总结出一个经验:中学的历史教学要讲细节,就是要讲一点历史的故事,这样才能吸引同学。一节历史课,至少要有一个故事,这个故事是和教材相互配合的,这样的一节课就会生动、活泼,学生才会喜欢听。所以,以后我自己编历史教材的时候,课本就开始采用大小不同的字体编排,大字内容简要,是一节课的纲要;小字讲述细节,就是讲一些与大字内容相互配合的故事,比较有趣的东西。还要注意联系学生的实际,譬如讲到北宋时期的宋辽战争,你可以根据学生课外的历史知识讲杨家将,结合课本的内容讲一些故事。这些故事是史实,可以纠正小说上的一些不符合史实的地方,来激发学生的兴趣。只有学生感兴趣,才能喜欢历史。否则,历史课就是一味叫学生去背诵些人名、地名、时代背景、条约内容，那是太枯燥了。还有就是要启发学生的思考，提出一些问题，让学生自己回答，自己思考。譬如，甲午战争中国为什么会失败？原因是什么，书上讲了一些什么？还有哪些可以补充？

我适应中学历史的教学后，就腾出手来搞一点史学研究。我在复旦毕业的时候，当时听说要分配到中学任教，就拜访过周谷城，也拜访过陈守实。周谷城对我说当中学教师也可以抽出时间来搞学问。陈守实说：历史课一般来说作业不多，因为不是主要的课程，不像语文、数学、英语作业很多，历史教师是腾得出时间的，有了时间就能做学问。所以我在1964年以后，就开始一边教书，一边进行一点史学研究。方法就是看两种书，一种是马克思主义经典著作，一种是古籍。因为我对中国土地制度、赋役制度比较感兴趣，对人物研究也比较感兴趣。我主要是看《明史》和《清史稿》，特别是"食货志"。同时做卡片，写读后感。

在1965年时，我就想写点文章。我曾经写过评李岩的文章，当时报刊上正在讨论对李岩的评价问题。李岩是明末举人，参加李自成起义军，有过贡献，后受谗言被害。我对李岩的评价是肯定的。关于李岩的文章，我寄给了文汇报。到《海瑞罢官》讨论开始后，文章还在文汇报。后来，我主动要求报社把这篇文章退给我了。

在虹口中学时，我还没有成家，住在学校提供的教工宿舍，就在虹口中学内。教工宿舍是四个人一个房间，有十几个平方。虹口中学的校风比较好，住校教师一到晚上就批改作业、备课。我就看书做卡片，工作到晚上九十点钟。由于晚饭吃得比较早，肚子饿了，就到学校外面小摊上吃一碗8分钱的"阳春面"（上海人通常吃的光面）来犒劳犒劳自己。对此我到现在还有很深的印象。

## 参加"四清"工作队

1965年初，我被虹口中学派到金山县朱泾公社增产大队参加"四清"运动。所谓"四清"，正式名称叫社会主义教育劳动，因其内容包括清政治、清经济、清组织、清思想四项内容，所以又叫"四清"，我们参加四清已经是第二期了，听说第一期阶级斗争的味道还是蛮浓的。讲农村有三分之一的干部腐烂掉了，所以搞得很紧张。当时工作队进农村，都撇开农村干部住在贫下中农家了解情况，来整农村干部。后来新的《二十三条》的规定出来了，当我参加四清工作队的时候，已经比较宽松了。我到公社"四清"工作队报道后，就被派到增产大队第一生产队（小队）工作。同一个小队还有上海师院的一个大学生和一个农村青年。以我为主，就组成一个"四清"工作组。因为我是老师，他们是大学生和青年，所以工作组由我负责。"四清"工作队强调"三同"，和贫下中农同吃、同住、同劳动。

"四清"开始的时候，先集中在公社学习政策，就是学《二十三条》，进行阶级分析。对于阶级分析，我在理论上是学过的，还学得比较好。但我们对农村不熟悉，文件归文件，到底怎么具体搞"四清"，一点都不晓得。听工作队的领导说，你到农村第一件事，就是访贫问苦，扎根串连，听听贫下中农对干部的意见，把材料搜集起来，然后你直接就找干部谈话。后来我们采取的做法就是白天和社员在一起出工，同劳动，并了解社员对干部的意见，晚上我们工作组就找干部谈话，主要是队长、会计。对群众反映的意见不能对他们讲，要他们自己交代问题。由于他也不晓得你手里掌握是什么材料，所以心里比较紧张。我们手头掌握两条材料，他可能说出五条。他以为你们都了解了，还是会交待一些新的问题。调查下来，当时的基层干部，基本的问题是两个，一个是多吃多占问题，一个是男女关系问题，还没有发现有什么大问题。

下农村搞"四清"后，我有几点体会，是我以前所不知道的。当时我住在一个老贫农家，那真叫艰苦，从此我才真正晓得了什么叫自给自足的自然经济。这位老贫农全家可以几个月不花一分钱，吃、穿、用基本上是自家生产自家消费。他们点的是油灯，油是自己用油菜籽打的，放根灯芯就算是灯了，那时当地农村还没有电灯。粮食是自己种的，菜是田里摘的、捡的。烧的柴火也是捡的。每家人家往往在灶头上挂了一块带点肉的肉皮，在烧菜时就用这块肉皮在锅子里擦一擦,就算是烧菜的油。吃的菜都是素的,什么荤菜也没有。穿的是土布制成的衣服,土布是家里人织的。鞋子也是自己做的。这在城市里是根本做不到的,真是艰苦。解放已经十六年了,我们的农村生活还是这么艰苦,我们的农民生活还是这样艰苦,真是没有想到。我们工作队住在农民家里,营养自然也是不够的,怎么办呢?于是,就在星期天集中在公社里开会学习,吃饭时吃鱼吃肉,叫补充营养。但是有些人一回去就拉肚子,平时没有荤菜吃,这时又吃得太多,肚子受不了。

下到农村以后,还有一个体会就是公社化以后,农民的生产积极性并没有提高。当时我所在的生产队干部靠边了,早上队里分配工作,晚上算工分,只得由工作组来办理,每天晚上我去问老农民,安排明天的农活。有一次我布置施撒化肥,两个青年农民就将化肥撒也不撒地堆在灌溉渠的进水口,让渠道里的水把化肥通过田沟冲到田里完事。结果,田里的化肥没有均匀地撒到,田沟里淌过的化肥水却由于太浓,把流经地方的庄稼弄枯焦了。为了这件事,我把这两位青年农民批评了一顿。

到了1965年5月,由于工作繁忙和生活艰苦,加上晚上抽烟太多,我得了肺结核病。虹口中学就调我回上海,接受治疗。在临走前,我们的工作组还开了个"三结合会议",请生产队干部、社员代表一起参加,听取大家对工作的意见。在会上,干部和社员都对我们的工作表示满意,认为工作组的作风"硬得很",对干部的教育很大等,当然其中难免有"客气"的成分。

### 耆宿曹雪松　新人萧功秦

虹口中学是个老学校,是虹口区的一个区重点中学,教师中人才济济。特别是我所在的历史教研组,曾经换了几个组长。最早的组长叫曹雪松,因为1957年就被打成"右派"分子,我到虹口中学的时候,他已经调到图书馆工作。我在虹口中学,跑得最勤的就是图书馆,所以和他接触最多,和他交情也很好。平时,他从来不讲自己的身世,对我只是介绍看什么书,讲一点历史上做学问的事情。他从来不限制我借书的数量,要借多少就借多少，要借多长时间就借多长时间，借了就拿回宿舍里去看。这样就给了我在借书上的极大便利，就使我当时看了很多书。我从其他教师口中了解到，曹雪松实际上是一个很有来头的人，在20世纪30年代，有一个电影叫《王先生与小陈》，很有名的，年纪大一点的上海人都晓得这个电影。他就在这部电影里担任主演，演主角小陈。他曾是民国时期很有名的剧作家、很有名的演员。电影《王先生与小陈》的剧本就是他写的。他还写过一部中国电影史上有里程碑意义的电影剧本叫《三女士》。2008年香港还出版了他的集子，叫《曹雪松电影剧本选》。第二任的历史教研组组长叫叶卫华，他当时看了郭沫若主编的《中国史纲》，挑出了该书一些史实上的错误，寄给了郭沫若，郭沫若认为他有才，就把他调到北京的中国社会科学院去了。第三任组长是郭君素，他外文极好，但平时碰到政治问题就避开。他上课最大的特点就是照本宣科，也找不出什么毛病。他的家里一个房间都是书，而且一大半都是外文书。平时，他尽量与政治问题保持距离。但是有时也会发发牢骚。

我到虹口中学以后，学校里传出一种说法，说我是复旦的高材生。因为那时，复旦历史系毕业生很少分到中学来，而我们那一届就有一批人被分到了中学里。是不是一些蹩脚的学生分配到中学来呢？据说校长顾芳三看过我的档案，知道我在复旦读书时的具体情况，知道我在还没有毕业的时候就发表了文章。这样一来，虹口中学的老师和同学都对我比较尊重。而且我的讲课也比较好，能吸引学生，学生对我就比较尊重。因此我在虹口中学的人缘比较好。

我在虹口中学教过的学生中印象最深刻的是萧功秦。他现在是上海师范大学历史系的教授，博士生导师。自从20世纪80年代以来，他就被认为是中国新权威主义现代化理论主要代表学者，其研究成果在国际学术界引起广泛反应。我与他至今还保持着很好的私人关系，学术上也有一定的联系。他在虹口中学学习的时候，据说家庭出身比较复杂，当时讲究阶级成分，我是对出身好、出身差的学生一样对待，没有区别。萧功秦对历史比较感兴趣，所以我与他关系比较好。"文革"时，我在学校人家贴我的第一张大字报，就是说我没有阶级观点。我是历来反对对学生也讲什么阶级成分的。

萧功秦在虹口中学读书时有两个特点。一是他开始看西方哲学史，还看了西方的原著，有费尔巴哈、黑格尔的原著。费尔巴哈是一个唯物主义者，黑格尔有自己的辩证法的思想。萧功秦两个人的原著都看，训练了自己的一些"反思"的思维。二是他的俄文较好，能看屠格涅夫、托尔斯泰的作品。当时我们就感到这个学生有些特殊，很少的。有一次他画了两张图画，一张画面上是一只母鸡，几只小鸡，母鸡带小鸡；第二张画面上画的是母鸡和小鸡在争一条小虫吃。题为"今日相呼，明日相争"，意为今日我是老师，他是学生，像母鸡带小鸡；明日将出现在事业上的相互竞争。我一看，感到这个学生蛮有自己的思想，我是坚信青出于蓝而胜于蓝的。后来他从虹口中学毕业，在工厂里当了十二年的工人，到改革开放后，他就报考了南京大学韩儒林的研究生，专门研究元代史。但是学了几年以后，萧功秦的思路和韩儒林的思路不一样，虽然也写了几篇论文，韩儒林他们主要是从语言学的角度对元史进行考证研究的，和他的思路不一样。后来他们俩交谈过，韩儒林告诉萧功秦，你要走什么路，你自己选择，我不干涉你。于是萧功秦就决定研究近代史、现代史。以后又发展到对当代社会转型的路向寻求和思考。他曾经送给我四本书：《儒家文化的困境》《萧功秦集》《中国的大转型》和《超越左右激进主义——走出中国转型的困境》，这四本书在一定程度上代表了他在学术上的成就。我虽然不很同意萧功秦的"新权威主义现代化理论"，但感到他对中国近现代史的研究颇有许多独到的见解。应该说，萧功秦的学术已经超越过我，这使我感到很高兴。

我还有一个学生叫方方，初中时，我担任过她的副班主任。她蛮调皮的，有一次她被我批评一顿，和我顶起来。事后我到她家里进行访问，一般的家访，往往是老师向家长告状，我不告状，还表扬了她，她对此印象很深。现在她是上海市政协常委、上海戏剧学院电视编导系主任。

图1：林丙义的父亲林兆铭（1886—1945）
图2：林丙义的母亲龚静镕（1902—1962）
图3：1960年林丙义回家探亲与母亲、兄姊合影

图1：1993年10月林丙义赴济南开会，巧遇朱以南老师

图2：2007年林丙义（左四）和福州一中老同学在母校相聚

图1：林丙义和复旦同学姜义华（摄于2004年）

图2：林丙义（左）和三姊夫蒋同泽（摄于1997年）。林丙义在复旦读书时，他按月给林丙义寄来生活费

图3：在复旦读书时的福州同乡同学（摄于1959年），二排左一为林丙义

图4：选读中国古代史专业的三位复旦同学，左起为许道勋、林丙义、樊树志（摄于1994年）

图1：1965年初林丙义参加"四清"工作队，这是林丙义(中)与工作组同志合影
图2：林丙义(后排左二)和虹口中学的几位师生(摄于1965年)
图3：林丙义(中)和当年虹口中学学生吴庆之(左)、萧功秦(右)(摄于2004年)

1 | 2
3

# 五、讨论"海罢"惹大祸

## 我和姚文元的一场争论

1965年11月10日,姚文元的《评新编历史剧〈海瑞罢官〉》文章发表,揭开了"文化大革命的序幕"。当时我住在学校的教工宿舍里。刚好在我参加"四清"工作队的后期,我得病了,回校养病。我看了姚文元的文章以后,总感到文章写得太"左",太武断。在文章里,他把历史问题影射现实的退田、单干风,毫无道理。

11月中旬,文汇报记者周国荣来到虹口中学开座谈会。座谈会就在教工宿舍里进行,参加会议的就三个人,周国荣一个,我一个,郭君素一个。周国荣后来是参与文汇报社夺权的三个造反派头头之一,是"文革"时的风云人物。周国荣他说:"欢迎诸位发表(与姚文元)不同的意见","可以与姚文元商榷","展开学术讨论"。在周国荣的引导下,我们就展开了议论。我是带了报纸来的,就一边看着姚文元的文章,一边一条一条进行评论。大家议论到的主要问题有:对"清官"的评价,对海瑞这个历史人物的评价,《海瑞罢官》中描述的"退田""平冤狱"与"单干风""翻案风"能不能比拟等。

过几天后,周国荣又来了,就要我和郭君素写文章。郭君素不肯写,于是周国荣就鼓励我写,我就表示"试试看"。我当时虽然口头答应了,但是顾虑还是比较大的。这里一个原因是"反右"斗争给我留下的印象。1957年的"反右"斗争,我在家乡福州读书的时候就看到一些老师被打成"右派"。进入复旦历史系学习以后,当时"反右"的形势已经明朗化,我也没有发表什么言论,但对于"祸从口出"却有深刻的印象。还有一个原因是

20世纪60年代前期的大批判运动的影响。当时文艺界批判《李慧娘》《早春二月》等，哲学界批判"合二而一"，史学界批判"资产阶级史观"等，我感到意识形态领域斗争剧烈。姚文元是大批判中的著名"左派"，写文章与他商榷要慎重考虑。

由于我思想有顾虑，有点举棋不定，我就找到了虹口中学的党支部副书记董业建谈，他是1960年全国文教系统先进工作者，出席过全国群英会，在我们学校青年教师中颇有威信。他又住在学校里，找他也比较方便。我把周国荣约稿的情况详细地对他说了。他认为这是学术问题，百花齐放的，表示："那就写吧，按照周国荣的要求写。"我又找了复旦的老同学沙健谈，他也说可以写，支持我写文章。当时，我和沙健有一个共同的想法：社会上大批判的对象都是一些有代表性的人物，我们这些中学教师还够不上批判对象。

沙健生于1931年，比我大6岁，阅历丰富。他父亲是中国人，母亲是日本人。小时候沙健随父迁居福建，曾在福州实验小学读书，我小时候也在这所小学读书，可以说先后同过学。沙健于1949年9月参加中国人民解放军，1951年1月又参加中国人民志愿军，奔赴朝鲜战场。1954年因患肺结核病回国治疗，1956年复员，1957年以调干生的身份考取复旦历史系，成为我的同班同学。大学毕业后我们都分配到虹口区中学任教，他在红旗中学，我在虹口中学。1964年开始沙健因旧病复发，在家休养。他家在吴淞路，离虹口中学很近，步行只要十分钟，所以我课余时段，常到他家聊天。《海瑞罢官》讨论开始时，我们都很关心，在谈到姚文元的文章时，我和他观点比较一致。在我的文章初稿大体成文后，请他提意见，他还在文句上做些修改。其中最重要的修改是：我初稿有句话，大意是明朝江南地区那些中小地主、富农和自耕地，土地被富豪乡官侵占以后……"他们大多数已经进入贫雇农的阶级队伍"。沙健把"已经进入"改为"逐渐进入"。这个改动对以后我和伍丁（姚文元）的争论起了作用。由于沙健支持我写文章，后来又支持我撰文反驳伍丁，"文革"时受到牵连，被红旗中学"揪"出批斗，此为后话。

在开始写的时候,我还打电话问周国荣:"主要写什么?"周国荣的回答是"写(与姚文元)不同意见"。当时我手头没有《海瑞罢官》的剧本,周国荣又马上送来了剧本。于是,我就在养病期间一头扎进虹口中学的图书馆查阅资料,动笔写文章。文章写好了我还在犹豫,但是周国荣每天打电话到虹口中学来找我,一是询问我文章写作的进度;二是催我交稿。我想了想以后,认为发就发吧!于是,在11月的月底,我文章成稿后,又抄了一遍,留下了底稿。直到第二天的傍晚,我才打电话通知周国荣。当天夜里,周国荣就派人骑了摩托车专门赶来虹口中学把稿子拿走了。过两天,我的文稿就全文刊发了,一字都没有改。

12月3日,《文汇报》以通栏标题"关于《海瑞罢官》问题的讨论"发表我的文章《海瑞与〈海瑞罢官〉》,并加上很长的"编者按"。编者按说:"我们发表姚文元同志的文章,正是为了开展百家争鸣,通过辩论,把《海瑞罢官》这出戏和它提出的一系列原则问题弄清楚,促进社会主义文化繁荣昌盛。"我看了以后以为我是根据"双百"方针来参加讨论,发表自己的不同意见,这就放心了不少。

《文汇报》为什么急于要发表我的文章呢?后来我才听说,姚文元的文章见报后,张春桥亲自坐镇报社,打着"百家争鸣"的旗号,目的是"引蛇出洞"。这个问题是张春桥在抓,说当时议论的人多,但是公开来商榷的人很少,所以他派人到处去约稿。我的稿子是比较全面地反驳姚文元的文章的,是张春桥亲自签发,并加有编者按语,说这是双百方针、学术讨论等。

我虽然不了解姚文元文章的背景,但思想顾虑是一直有的。所以在《海瑞与〈海瑞罢官〉》的文章里,也对吴晗做了原则上的批评,但文章主要是针对姚文元提出商榷。我的主要观点是:一、不同意姚文元把海瑞说得一无是处,认为海瑞"从维护封建统治出发,实行了一些减轻对人民剥削的措施,并在某些方面做了一些有利于生产发展的事情";二、不同意姚文元把封建社会清官、贪官、好官、坏官不加区别地对待;三、认为《海瑞罢官》

中"退田""平冤狱"与现实中的"单干风""翻案风","两者性质不同,历史条件也不同,很难比拟";四、不同意姚文元对封建时代某些人物的优秀品质采取全盘否定的态度,主张对其要继承,文章还引用鲁迅的一句话:"好像吃牛肉一样,绝不会吃了牛肉自己也即变成牛肉的。"

同时,我还从历史的角度,就《海瑞罢官》中"投献""退田"这两个问题,提出与姚文元商榷。所谓"投献",是指明代江南地区一些中小地主、富农、自耕农为逃避赋役,被迫将土地寄献给有权势的乡官地主;"退田"是指海瑞要这些乡官地主将土地退还原主。姚文元认为:"投献"是没有贫雇农、"退田"也与贫雇农无干,因为"贫雇农既无田可献,无钱去'赎','退田'当然不会退到他们手里"。并以此说明海瑞要乡官退田,"实际上保护了中小地主和富农的利益"。

我认为姚文元的这种说法,"史证不足,推论方法也还值得商榷"。我在文章中提出:"当这些中小地主、富农和自耕农的土地被富豪乡官侵占之后,由于生产资料被剥夺,他们的经济地位下降了,经济地位决定了政治态度,对土地的占有关系是封建社会划分阶级成分的一个重要尺度,这些'献'去土地的人已经不再是原来的中小地主、富农或自耕农了,他们中多数已经逐渐进入贫雇农的阶级队伍"(这个观点,后来被概括为"进入论")。接着,我又引证了《海忠介公传》《华亭县志》等资料,加以说明。

在这里,我所以介绍当时我与姚文元在"投献""退田"问题上的相互对立的观点,是因为这个问题后来成为我与他争论的一个焦点。

《海瑞与〈海瑞罢官〉》发表以后,虹口中学不少教师表示支持,包括郭君素在内。有个政治教师叫陈文潜,当时已经调离虹口中学,还打电话来表示祝贺。我的一个学生奚学瑶,在北大读书,写信给我,说在报上看到我的文章,表示祝贺和支持。

12月15日,姚文元以"劲松"为笔名,发表了《欢迎"破门而出"》一文,开始对我点名批评,主要是批判我提出的"很难比拟"的观点。我虽然不知"劲松"是谁,但是这篇文章在许多报刊上转载,我感到"有来头",心中不免恐慌,就写信给文汇报社,违心地承认"很难比拟"是"错"的,但是仍然坚持文章的其他一些观点。后来,《文汇报》又陆续发表一些文章,对我进行围攻。

1966年3月22日,姚文元又以"伍丁"的笔名,在《文汇报》上发表了《为谁化装?》的文章,对我进行攻击。"伍丁"先引用我的《海瑞与〈海瑞罢官〉》中的一段话(即前面所讲的"进入论"),然后污蔑说:"林丙义同志借讨论'投献'而发明'一个划分阶级成分的尺度'。"照这个"尺度"(即"对土地的占有关系是封建社会划分阶级成分的一个重要尺度"),世界上一切剥削阶级只要一失去他们占有的生产资料,一夜之间就可以立刻"进入"劳动人民的"阶级队伍"……据说,这就叫做"经济地位决定了政治态度"。"如果照这个'尺度'去分析今天的'地主富农',那么……农民同地主变成了坐在一条板凳上的人了。"接着"伍丁"断言:"只从目前是否占有生产资料而不从政治立场去分析剥削者的成分,这是一种替失去生产资料的剥削者打掩护的观点。"最后,"伍丁"给我扣上了一个大帽子,说我是为今天"失去生产资料的剥削者"打掩护,为他们化装。看了"伍丁"的文章之后,我虽然不知道"伍丁"是谁,但我认为这篇文章通篇都是错的,而且他给我扣的大帽子,逼得我无路可走,只好背水一战。当时我就打电话给周国荣,表示不同意"伍丁"的观点,准备写文章反驳。

我认为:用土地占有关系作为封建社会划分阶级成分的一个重要尺度,是符合马克思主义的基本原理的;在封建社会由于土地占有关系的变动,而引起阶级关系的变动,这也是符合历史事实的。至于"经济地位决定政治态度",更是直接引用《毛选》的有关文章。而"伍丁"对我的诬陷,更是完全不顾事实,所以我心中不服。不久,周国荣到虹口中学找我,我拿出《毛选》,翻出其中有关论述,指出"经济地位决定政治态度"是根据毛泽东著作写的。周国荣表示将我的意见向上级汇报。以后,我又打电话给周国荣,周国荣说可以写文章进行讨论。

我又找沙健商量,沙健支持我写文章反驳"伍丁"。在3月底到4月初,我写了一篇《论经济地位决定政治态度——评〈为谁化装?〉》(以下简称《论经济地位》)的文章,4月中旬,文稿送交文汇报社。我认为自己是捍卫了毛泽东思想的,但是稿子投出后,一直石沉大海。

在《论经济地位》中,我在文章开头就提出:"针对伍丁同志提出的问题,本文所讨论的主要内容是在历史和现实社会中如何进行阶级分析的问题,而这个问题只要坚持彻底的唯物主义观点,认真探讨,对于认识历史与现实的阶级斗争是有帮助的。"这篇文章分三个部分:(一)经济地位决定政治态度的理论是否过时?(二)不同的经济地位变化决定了不同的政治态度;(三)"经济地位决定政治态度"与"政治是经济的集中表现"两者是统一的。

文章的第一部分,我大段引用伍丁文章原文(见前文所引),并指出:"这是伍丁同志对经济地位决定政治态度理论的严重歪曲!""伍丁同志为了掩盖这种歪曲,先使用偷换概念的手法,他虽然引用我文章的一段文字,但在分析引用时,把'逐渐进入'改为'一夜之间就可以立刻进入';把被富豪乡官侵占土地的'中小地主、富农和自耕农',变成了整个'剥削阶级'"。我的原文明明白白地说:"对土地的占有关系是封建社会划分阶级成分的一个重要尺度,而伍丁同志硬是把它放在今天的社会,加上'如果',掺进他自己的观点,大作推论。"

接着,我进一步指出:"主要问题不在于此。伍丁同志文章只能是这样一个意思:'经济地位决定政治态度',以生产资料的占有关系作为划分阶级的一个重要尺度(指解放前,封建社会也是属于解放前),在今天是没有意义的,是过时了!因为,根据伍丁说,'如果'再照这个'尺度'去为今天的'地主富农'划成分,那么农民和地主富农可以'合二而一'……"

对于伍丁上述观点,我认为:"难道事实是这样吗?不是,绝对不是。"我从理论和实践两个方面进行分析,说明"我们在分析今天社会中被推翻的剥削阶级时,不能不对这些阶级的经济地位以及他们过去与今天经济地位的变化进行分析"。而按照伍丁同志的逻辑,只能得出这样的结论:在

"社会主义时期"，"一切剥削阶级的政治立场、世界观"，不仅和他们剥削劳动人民的经济地位无关，而且和他们过去与现在经济地位的变化（生产资料被剥夺）也无关"。"伍丁同志割断了历史来分析今天的社会生活，离开了社会存在来谈思想意识。"

"伍丁同志硬说'经济地位决定阶级态度'，对土地的占有关系是封建社会划分阶级的一个重要尺度是我'发明'的，我实在受之有愧，因为这是来自马列主义经典著作的启示"，我在列举毛泽东著作中有关这方面论述之后，说："伍丁同志借'批判'我的文章为名，力图'证明'这些理论已经过时。揭穿他这种谬论的错误实质，我只能是'却之不恭'了。"

文章第二部分是论述"不同的经济地位变化决定了不同的政治态度"。我引用1950年8月中央人民政府公布的《关于土地改革中一些问题的决定》的政策文件，说明：在解放前，地主破产后的经济地位变化，有可能（在一定条件下）使其阶级成分逐渐发生变化。"表面上同样是经济地位的变化，解放前某些地主破产和土改时地主生产资料被剥夺，两者有着本质不同。而伍丁同志把这两者本质不同的现象混为一谈，是根本错误的。"我认为：如果不从过去的经济地位以及后来经济地位的变化去分析"失去生产资料的剥削者"，就会给他们"化装术"大开"方便之门"。这样我把"伍丁"扣给我的大帽子奉还给他。

文章第三部分主要是针对伍丁批判我"抹杀了马克思主义的一条基本原理：'政治是经济的集中表现'"。我在引用毛泽东的话"经济是基础，政治则是经济的集中表现"之后，指出："无论从字面上分析或是从内容上分析"，"经济地位决定政治态度"和"政治是经济的集中表现"，两者都是互不矛盾的，都是统一的。

《论经济地位》全文约8 000字，这篇文章大量引用《毛选》《列宁全集》《资本论》、刘少奇《论共产党员的修养》（当时尚未批判刘少奇）等著作的观点，还引用了土改时划分阶级成分的政策文件。当时我认为自己是以马列主义、毛泽东思想来分析问题的，因此文章旗帜鲜明，理直气壮。

但文章送文汇报社后,却不见回音。我曾几次打电话给周国荣,查询《论经济地位》一文的下落,周国荣回复说:文章已转到政治学术部(理论学术部)。我又打电话给报社政治学术部,政治学术部的答复是:"正在看稿","文章已在处理中"等,敷衍过去。我这时的想法是:伍丁《为谁化装?》一文,实质上是对毛泽东提出的"经济地位决定政治态度"这一论断的攻击。《文汇报》只发表伍丁的文章,而不发表我的反驳文章《论经济地位》,这是不公平的!于是,我对伍丁的身份产生了疑问。在这种情况下,我又打电话给周国荣,询问:"伍丁同志是谁?"回答是:"不晓得。"我曾想过是否文汇报社想包庇伍丁,但无论如何都没有想到"伍丁"就是姚文元。

　　此事一直拖到1966年下半年"文革"正式爆发,我和沙健在谈起此事时,沙健猜想伍丁可能是"旧市委"搞宣传工作的干部,所以报社要包庇他。在沙健的支持下,我写了《这是为什么?》大字报。大字报提出:"1966年3月22日,《文汇报》发表伍丁同志的《为谁化装?》一文,表面上是针对我的《海瑞与〈海瑞罢官〉》一文,实质上却是对'经济地位决定政治态度'这一论断进行歪曲、攻击,这是一个大是大非问题。""既然是大是大非问题,既然《文汇报》已经把伍丁同志的《为谁化装?》刊登出来,那么问题就必须通过辩论、说理,把问题搞清楚。"

　　接着大字报列举了《文汇报》"包庇伍丁"的种种事实,然后提出"三个值得思考的问题":"(一)我和伍丁同志的分歧,是不是原则的分歧?是不是捍卫毛泽东思想和歪曲、修改毛泽东思想的分歧?(二)大是大非的问题要不要摆出来?(三)假如伍丁是原则的错误,为什么会有那么多人为其辩护?为什么文汇报政治学术部采取敷衍态度?(假如是我的错误,完全由我负责)"。

　　大字报落款时间是1966年8月,当时沙健建议把这张大字报贴到文汇报社门口,以引起社会重视。而我却不想再惹是生非,所以犹豫不决,最后大字报还是没有贴出。但后来原稿被红卫兵拿去,成为我一大"罪状"。

　　以上是"文革"前我参加《海瑞罢官》讨论的经历。

"文革"以后,叶永烈写出了《姚文元传》,据该书的附录,姚文元从写《评新编历史剧〈海瑞罢官〉》开始,到"文革"结束,他一共发表二十篇文章,除去了在某些会议的讲话、贺词外,剩下的文章是十八篇,其中就有两篇是针对我的文章的,可见他已经把我的文章看成了眼中钉、肉中刺。

　　根据有关资料分析,在姚文元上述文章中,只有三篇是用"伍丁"笔名写的:一篇是《奇妙的逻辑——录以待考》,发表于1966年3月21日《文汇报》,棍子从上海打到北京,挨棍子的包括齐思和、周谷城、周予同等,都是著名的学者;第二篇是《为谁化装?》发表于3月22日《文汇报》,通篇对准我林丙义;第三篇是《自己跳出来的反面教员》,发表于4月25日《文汇报》,矛头指向华东师大著名教授李平心,据说此文逼得李平心开煤气自杀(或说成为李平心自杀的原因之一)。这就使我进一步思索这个问题:伍丁的文章主要是对准当时所谓的"反动学术权威",只有《为谁化装?》例外,对准了一个普通的中学教师。其原因只能这样解释,我的文章切中了姚文元的要害处,已经引起姚文元的高度重视,因而给了我"特殊待遇"。

　　"文革"以后,我从虹口中学一些教师处听到一件事:当我写的《海瑞与〈海瑞罢官〉》见报了以后,张春桥把这篇文章给毛泽东看,毛泽东看了以后说:"这篇文章很毒",接着他又问张春桥:"林丙义何许人也?"张春桥答:"中学教师。"毛泽东说:"中学教师算了。"对于这件事的真实性,我开始是有所怀疑。后来我又想:就凭虹口中学的红卫兵和教工造反派,不会有人那么大胆敢伪造"最高指示",而且也没有这个必要,于是我就有几分相信了。以后又看到一些涉及我"文革"经历的文章,多有相似的说法,例如,1995年11月5日《上海教育学院院报》刊载署名玉明的文章,题为《风雨鲜花人生曲》,其中有这样的文句:"而当年毛泽东曾认为《海瑞与〈海瑞罢官〉》很毒……";2012年6月20日"中国'文革'史料网"发表曾是虹口中学学生,后为作家的奚学瑶文章,题为《青春非常之旅——我的"文革"印迹》,其中讲到我的"文革"遭遇时说:"据说毛泽东看过他的文章(指《海瑞与〈海瑞罢官〉》),对此文有很毒的评语,因此他……成为上海最晚被平反的几个'文革'受难者之一。"还有很多口头传说,这里就不谈了。我曾经想寻找这件事的真凭实据,而有人对我说:要查清这件事,只有查看张春桥留下的日记等档案资料,这在现在是办不到的。所以我在这里只是"录以待考"。我想将来总有一天"文革"档案解密,到那时候也许会真相大白。

### "见到毛主席"

1966年6月,"文革"在虹口中学也开始了。"文革"刚开始的时候,虹口区委派工作组下来。虹口中学的工作组是由当时上海市教育局局长杭苇蹲点。开始时,就像各个单位一样,基本上有点像原来"反右"斗争,出现大量的大字报,主要是针对着成分不好、历史复杂的老师。有的写历史问题,有的写现实问题。那时贴我的大字报很多,铺天盖地,说我反对姚文元。因为当时我写的《海瑞与〈海瑞罢官〉》早已见报,所以大家都知道。我的《论经济地位决定政治态度——评〈为谁化装?〉》一篇文章没有发表,大家还不晓得。

到了8月,红卫兵运动兴起,红卫兵就有一点暴力行动。例如,有一天揪出一位女教师,说她是地主出身,一下子就揪出来,勒令她写认罪书,还要她将认罪书贴到墙上一个比较高的地方。那个女教师只好爬上课桌椅去贴。那时,课桌椅上已经贴有毛主席的像、毛主席的语录、表示忠于毛主席的红心等,大概是由于在批斗,她不小心踩到了毛主席像和语录。这就不得了,马上就上纲上线,谁也不敢为她辩护。于是,这个女教师就被说成是反革命,当场就被剃了阴阳头。不久,又再揪出了几个,于是就召开批斗会。在会上,就有打人、罚跪、罚唱《牛鬼歌》(也称"嚎歌")的现象。《牛鬼歌》的歌词有三小段:"我是牛鬼蛇神,我有罪,我有罪。人民对我专政,我要老老实实。如果我不老实,就把我砸烂砸碎。"后来我看了有关文章的介绍,才知道那个《牛鬼歌》是著名音乐家马思聪被逼逃离,跑到境外以后,才向媒体公开出来的。大概由于这种体罚的形式,以及歌词的内容本身就是一种对人精神上的特殊折磨，一时轰动了世界。

红卫兵的这种冲击对我震动很大，为了避免不必要的麻烦，弄得自己说也说不清楚，批斗会以后，我所做的第一件事，就是把我与别人的通信、别人的来信，自己个人的日记等，装进一个大口袋里，送到学校厨房的锅炉间里一把火烧掉。只是一些为了学术研究而抄录的资料，我实在感到舍不得，保留下来了。主要是一部分有关经典著作的摘录，一部分是古籍中摘录的史料，我自认为没有问题的，才保留了下来，但这些资料在后来红卫兵抄家时，仍然没有保住。那时的政治压力就这么大，今天想来还是令人难以置信。

"文革"初期，在铺天盖地的大字报中，我的问题被上纲上线了，但工作组还没有把我当作敌我矛盾。8月底，有北京的红卫兵到上海来串联了，我的学生奚学瑶，也来到上海串联。当时奚学瑶认为，虹口中学开展的"文革"运动方向是不对头的，将矛头对准了教师，按照北京的做法，应该是对准走资派、反动学术权威的。奚学瑶的观点对虹口中学的红卫兵影响很大。

当时奚学瑶还劝我参加造反派。他对我讲得很多，讲无产阶级"文化大革命"是毛主席亲自发动的，又是一场反帝和反修的伟大斗争，等等，还具体介绍了北京大学"文化大革命"的情况，以及北大的运动过程。经过奚学瑶的动员工作，我也开始接近红卫兵组织。当时参加造反派，还能有保护自己的作用。你参加了一个造反组织，个别的人就不会再来搞你了，要揪你还得要和造反派来打招呼。我当时和学校红卫兵的关系还是不错的，他们也常常到我宿舍开会。后来，虹口中学高三(6)班的红卫兵他们提出到北京去串联，还请我一起去，我们就一起上了火车，这是在1966年11月的事，我们刚好遇上毛主席第八次接见全国的红卫兵。

到北京，我们一下火车，就被分派在一所大学的礼堂里住宿。北京的接待是管吃管住的，供应吃饭，也有棉被提供。住下以后就有解放军战士来看我们，他们开始劝我们回去，北京实在已经没有办法接待了。大厅里来串联的人都表示，"我们一定要见到毛主席"。不然，我们远道而来，不是白走一趟吗？最后他们就安排了我们参加毛主席第八次接见红卫兵的活动。据说，这次毛主席的接见也是最后一次接见了。由于接见的规模太大，我们就被安排在西郊机场附近集合等候，接受毛主席的接见。当时毛主席的车队，从天安门广场一路开到西郊机场，马路两旁都是各地来的红卫兵，最前面的一排是解放军战士，负责保卫工作。毛主席的车队开得极快，实际上我们看到的只是长长的车队飞快地开过，当时大家都跳起来，高喊着："毛主席万岁！毛主席万岁！"希望能看一眼毛主席。车队开得飞快，其实大家只是看见车队在面前开过，根本就看不清毛主席，就连毛主席乘哪辆车子也没有看清，但大家都说是看见了毛主席。没有看见毛主席的也只能说看到了。那天接见的日子和具体时间我都记下来了，我是记在自己的小红书《毛主席语录》里的，我写下了：1966年11月26日下午4点10分，"见到毛主席"。这本毛主席的语录，我现在还保存着，现在也可以说成了"文革"史料。

## 自保和造反

我们从北京回到上海以后，好像大家都身价百倍了，因为那时虹口中学还没有什么红卫兵见到毛主席的。于是，我进了虹口中学"教工造反队"。那时很多教工参加造反队是为了自保，参加了造反队，红卫兵就不能随便地揪他了。我和红卫兵的关系也比较好，教工造反队还推选我当头头，成了造反队的头头之一。不久，教工造反派又进行了大联合，成立了虹口区教联会，我也是头头之一。1967年，虹口区"教联会"推荐我参加"区革会"教卫组工作。在区革会里有教卫组，既管教育，又管卫生。我是教卫组核心成员，当时虹口区教卫组领导叫沈敏康，是一个"解放"了的老干部，是教卫组的组长。因为我是一个老师，那时教卫组开会有些事不好跟红卫兵讨论，于是沈敏康也看中了我，所以我负责的事情就多一点。1967年初，教卫组的核心组主要做两件事，一是审批学校、医院革委会报上来的成员名单；第二件事是在发生武斗的时候，以区革会的名义去做说服工作，不准武斗。

1967年下半年，虹口区教卫组按照本来就有的规划，需要成立一所新的初级中学——武进中学（这是我们后来给它定的名），决定从虹口中学抽调一批教师到这所中学工作。当时教卫组领导沈敏康找我谈话，说此项工作要我负责，筹办工作要我包下来。因为我已经在虹口中学工作了好几年，对学校的情况已经摸得相当清楚。筹建一个新的中学，对我来说，自然是一个新的挑战。那时，时兴听党的话，服从组织的安排。于是，我二话不说，就一口答应下来。当时受"文革"动乱的破坏，一些制度被废止，学校的秩序还比较乱。在思想上，有一部分教师缺少安全感，也有一些教师很想换一个工作环境，调到别的中学去教书。我对教师的这些心理有切身的感受，于是决定采取自愿的原则来解决教师工作的调动问题。我积极与虹口中学领导沟通，决定先建立一个筹备组，我带头，由顾荣庆（原虹口中学党支部副书记）、李飞伦（原虹口中学副教务主任）、陈章召（原虹口中学政治教师，熟悉财务工作）、陶宝康（原虹口中学人事干事）等组成。筹备组已经包含了新建的武进中学党、政、教务、财务人员的配备。这样一来，有一批教师就自愿地到筹备组报了名。于是，筹办武进中学就有了第一批基干的力量，可以说工作相当顺利。

由于我负责了武进中学的筹备工作，就从虹口中学搬进了新建的武进中学，一时没有教师的宿舍，但是有几个实验室，我就暂时住进了三楼的一个化学实验室。教师的工资开始时仍由虹口中学代发，课桌椅由区里教卫组统一解决，有一位老师提出，一个学校总要有的日用开销费用呢？学校零零碎碎的修理费用总归还是需要的啊！于是我找了区教卫组的沈敏康，他马上就划拨了一万元的日常开销和实际需要零花钱，可以凭我的私章去银行随时领用。当时，这笔费用还是很大的，所以我的私章就交给财务保管了。一时，我就被大家称为武进中学第一任的校长。新的学校办起来了，人也有了，财也有了，物也有了，原先就是一幢空房子，现在是一所新的学校。我的工作主要放在武进中学，区里教卫组的工作，除了必要的会议去开开，审批一些东西，传达传达上面的一些文件外，我也不大去了。

## 被扣上"炮打"的罪名

天有不测风云，1968年1月的一天夜里，虹口中学的红卫兵突然袭击了我。他们翻墙进入武进中学，冲进了三楼我住的化学实验室，抄家式地把我所有写的文章与材料拿走，说是"借"的。其中包括我做的笔记、卡片，抄走了我所有文字资料。这对我来说，损失是很大的，特别是对做学问损失很大。本来我是可以做做学问的，抄走了资料，我就不能做原来的学问了。

冲进来的一个戴着袖章的红卫兵问我，"伍丁"是谁侬晓得吗？我回答说："不晓得。"于是他们宣布说："伍丁"就是代表江青、张春桥、姚文元、徐景贤……很显然，红卫兵这次对我的冲击，是由于我写文章反对"伍丁"而引起的。而"伍丁"的后台是江青、张春桥等人，他们多是中央文革小组的成员。那时，中央文革小组已经取代中共中央书记处，已成为"文革"的实际领导机构。"文革"小组这些人"跺跺脚，地动山摇"，都是名声赫赫的"大左派"。我虽然心中不服，但无力反抗。于是，我就被撤去了所有的领导职务，接受审查和批判。当时加在我身上的罪名是："大右派""炮打无产阶级司令部"。为什么说我是"大右派"呢？就是因为"伍丁"是"大左派"。为什么说我是"炮打无产阶级司令部"呢？因为"伍丁"代表"无产阶级司令部"。

"文革"以后，我才从虹口中学教师那里知道这次突然袭击的背景：那时，虹口中学的学生李志林被派到了市委的写作组工作。一次，张春桥得知李志林是从虹口中学出来的，就问起林丙义现在怎样了？李志林回答说，已经调到武进中学，在当领导了。张春桥马上就说，这种人怎么可以当领导呢？后来据说徐景贤在会上又对我进行点名攻击。于是就出现了对我的这一次所谓的"革命行动",实际是对我的迫害。

我在关于《海瑞罢官》的讨论中写了两篇文章,为什么会引来姚文元的疯狂攻击呢?我的看法是:我和姚文元的分歧实质是如何划分阶级。我从理论和实践两个方面,提出了划分阶级的主要依据应该是人的"经济地位",包括对生产资料的占有关系。需要说明的是,这些观点并不是我个人的发明,而是来自马克思主义的经典著作和《毛泽东选集》的有关论述。相反,"伍丁"认为划分阶级的主要依据是人的"政治立场"。那么"伍丁"的观点是从哪里来的呢?我想姚文元的这些观点实际上是来自他对于国内政治局势心怀叵测,直接对1958年毛泽东提出的在国内阶级分析上的错误思想起着推波助澜的恶劣作用。

直到近几年,我看了党史材料,才知道在1958年3月的成都会议上,毛泽东就提出了当时中国社会有两个剥削阶级的观点,即"右派"和被打倒的地主买办阶级,以及正在改造中的资产阶级和它的知识分子。还有两个劳动阶级,一个是工人,一个是农民。后来,这个观点被中共八大二次会议的政治报告吸收,社会上就出现了把知识分子划入资产阶级的观点和做法,这就是以政治立场为标准的划分阶级的做法。

阶级斗争扩大化的基础理论就出于这个理论根据。关于阶级斗争扩大化,就是把知识分子列入剥削阶级范围,还把地主富农阶级固化。我们国家后来搞得那么被动,就是将阶级斗争扩大化,绝对化,把阶级关系固定化,妖魔化的结果。

我的判断是有事实根据的。

1956年中国共产党八大《关于政治报告的决议》指出:由于社会主义改造已经取得决定性的胜利,我国无产阶级同资产阶级之间的矛盾已经基本解决。我国国内的主要矛盾,已经不再是无产阶级和资产阶级的矛盾,已经是人民对于建立先进的工业国的要求同落后的农业国的现实之间的矛盾。已经是人民对于经济文化迅速发展的需要同当前经济文化不能满足人民需要的状况之间的矛盾。在这次大会上,刘少奇在政治报告中分析了社会主义改造取得决定性胜利之后,我国社会阶级关系的历史性变化,认为原来剥削农民的地主和富农,正在被改造成为自食其力的新人;民族资产阶级分子正处在由剥削者变为劳动者的转变过程中;广大的农民和其他个体劳动者,已经变为社会主义的集体劳动者;工人阶级已经成为国家的领导阶级……;知识界已经改变了原来的面貌,组成了一支为社会主义服务的队伍。(见中共中央党史研究室:《中国共产党历史》[1949—1978]上册,中共党史出版社2011年版,第395—396页)应该说八大的路线方针是正确的,但这些正确的路线方针在以后的实践中没有得到坚持。

中国共产党八届三中全会上,毛泽东断言:"无产阶级和资产阶级的矛盾,社会主义道路和资本主义道路的矛盾,毫无疑问,这是当前我国社会的主要矛盾。"这就改变了党的八大关于在社会主义改造基本完成后,无产阶级和资产阶级的矛盾、社会主义道路和资本主义道路的矛盾已经基本解决的基本估计。1958年3月,中共中央在成都召开中央有关部门的工作会议,毛泽东在会上提出了"两个剥削阶级""两个劳动阶级"的说法,这就进一步否定了党的八大所做出的决议。中国共产党的历史和实践,现在已经充分证明:毛泽东同志当时提出的这种阶级划分,"完全离开社会成员在社会生产中所处的地位,特别是同生产资料的关系所作的阶级划分,在理论上实践上都不符合社会主义改造基本完成后我国社会结构的实际情况,不利于社会主义的政治建设和社会发展"。(同上书第461页)

当时姚文元作为文化界的"大左派",自然早就嗅出了这股政治变动中的暗流,他做的正是一种政治上的赌博和思想上的投机。

# 六、漫漫的平反之路

## "牛棚"内外,相濡以沫

在1968年初,虹口中学的"清理阶级队伍"还没有开始。当红卫兵对我冲击以后,学校当局对我实行严密监视,我进出校门有人盯梢,私人的来信一律拆开,亲友有人来访要受到检查。为了不连累亲友,我就开始尽量减少与他们的接触交往。那时,我的学生奚学瑶找我,他以北大井冈山的红卫兵名义来找我。学校开始是派红卫兵来监视,见到学生监视不行了,就改派了一位教师来监听并作记录。奚学瑶对我滔滔不绝讲8341部队在北大落实政策的过程,意在使我放心。他的话一方面是讲给我听的,另一方面也是讲给监听的老师听的。他的这些话通过监听老师的传递,也给当时学校的领导一个信息,至少他们没有一下子把我推到敌我矛盾上去。

我的哥哥从安徽出来看我,到了虹口中学,看到校园里到处都是"打倒大右派林丙义"等的标语,怎么再敢和我见面呢?当时虹口中学正在准备召开千人批判会来批判我,会场在虹口的解放剧场。我哥哥吓坏了,只得返回安徽。后来我干脆一律和亲友断绝了联系,不再主动去联系他们。一直到"文革"结束,家人也都不敢和我联系。直到1978年,一个在福建的姐姐从《文汇报》上看到了我平反的消息,才写来家信,分隔多年的手足才得以团聚。

当时,有人还劝我逃走,说"三十六计,逃为上计"。还有人劝我逃到我三姊那里,她在总参的通信兵部队里,到那里就保险了。我想起戊戌变法中七君子之一谭嗣同的"望门投止思张俭"的诗句,张俭是东汉"党锢之祸"时党人,宦官要抓他,但是这个人名气很响,也有很多人收留他,结果凡是收留过张俭的就或遭杀戮，或投入牢狱，全家就完了。所以，我就一直没有走。还有一个教师刘贵华，抄录了一句唐代高适写的诗，"莫愁前路无知己，天下谁人不识君"，托一位同学暗里捎来。可见，在教师和学生中支持我的人还是不少的。这使我很感动。好友们的这种真挚感情，永远令人不能忘怀，也增强了我接受"考验"的信心。

对于"伍丁"这种以势压人的做法，我心中不服。但是我无力抵抗，只好低头认罪。想到"伍丁"他们来头很大，我就不去硬顶。在接受批判时，我总是说："我认罪，我认罪。"但是会上他们到底讲了些什么，我一点都没有听进去。当时，除了批斗会的批斗，出去有人盯着你，其他就是写"交代材料"。后来我才知道，他们一直在查我的两个背景，一是有没有和"走资本主义道路的当权派"有联系；二是有没有和复旦的"反动学术权威"有联系，是不是有人在背后、幕后指使我，他们认为不然我就不会和"伍丁"斗得这样激烈。他们要把矛盾对准党内的"走资派"和所谓的反动学术权威。他们在批斗我时，反复要我交代和刘少奇、彭德怀、曹荻秋等的关系。还要查我同所谓的反动学术权威的关系，还查到我在复旦读书时的老师周谷城、陈守实。实际上，我和所谓的党内的走资派、反动学术权威一点联系都没有。而他们希望能揪出这样的幕后策划者。我是万万没有想到，学生的"问题"居然还要牵连到自己以前的老师！

说到牵连，应该说因我的"问题"受到牵连的主要是沙健。由于我写《海瑞与〈海瑞罢官〉》和《论经济地位》两篇文章都得到他的支持，当然"罪责难逃"。1968年12月，当时沙健因病在家休养，却被红旗中学"揪"到学校批斗，罪名是：反对伍丁，炮打姚文元。沙健曾对我说过，在复旦老同学中，他最敬佩的是姜义华，因为姜义华是个"硬骨头"（指1962年批判姜义华的事，前面已有叙述）。而这次在红旗中学的批斗会上沙健却表现为"啃不动的硬骨头"。

在红旗中学第一次批斗沙健时，沙健在回应批斗会组织者强加在他头上的所谓罪名时，始终坚持两个观点：一是当时自己不知道"伍丁"是谁，也不可能知道;二是认定《为谁化装?》一文有严重错误,要求把它抄成大字报贴出来,公开辩论。在这种情况下,会议主持者只好当场答应:下次开会公开进行辩论。当时沙健已经被扣留在学校,不许回家。他只好在学校里写答辩文稿。文稿针对伍丁提出的如果根据"经济地位决定政治态度"来分析今天的地主富农和农民,那么地主富农和农民就会"变成坐在一条板凳上的人"的谬论。他的这个观点和我在《论经济地位》一文中提出的"不同的经济地位变化决定了不同的政治态度"大体相同,这里不作展开。在辩论会前,沙健的文稿被搜去。据说会议的组织者经过研究之后,感到沙健的观点无法进行批驳,于是辩论会就不开了。

接着,红旗中学当局就转换了话题,改变了手法,通过"大揭大议""内查外调",广泛收集沙健的所谓"三反"言行。根据一位教师的揭发,说沙健曾经说毛主席阅读《资治通鉴》,"这是对伟大领袖的污蔑"(当时把《资治通鉴》看作为封建帝王服务的"大毒草"),于是又召开了批斗会。其实,毛泽东阅读《资治通鉴》是事实,而且有关照片还在报刊上登载过。在会后小组追查时,沙健就此做了说明,于是此事也就不了了之。两次批判沙健的会议都没有成功,于是红旗中学当局(主要是工宣队)便把沙健的"问题"挂起来,长期不闻不问,但内部却给他两顶莫须有的帽子:"特嫌"和"内控"。不给他上课,分配到图书馆工作。于是沙健变成了无人敢理睬的"不可接触者"。

直到1979年,红旗中学要为沙健"平反",沙健还提出当年因反对伍丁《为谁化装?》一文,将在家中养病的他揪到学校批斗的事实,现在仍要求将该文抄成大字报"让我批判,以清流毒"。校方则以老师"听不懂高深理论"为由,拒绝这样做。

以上沙健在"文革"中的经历,其缘由是因我的"问题"受到牵连,使他吃了不少苦头。至今我仍感到歉意难消。大家都说"文革"是一场"悲剧",从红旗中学两次召开批斗沙健的会议看,"文革"还有"闹剧"的一面。

现在把话题再转到我的"文革"经历。

1968年8月，工宣队进驻了武进中学，加强了对审查对象的控制，学校的政治空气进一步压抑。原来，我住在学校的化学实验室，吃饭在街道的食堂，蛮方便的。白天有时还要接受审问、批斗，晚上大家下班跑了，我就一个人到校外酒店去喝闷酒。工宣队进驻了以后，办公室不够了，有一天红卫兵突然冲到我所住的实验室，就像抄家一样，把我所有的东西都扔出来，有的还朝楼下扔去，扔到操场上，很多东西都扔坏了。我被赶出了宿舍，打进了"牛棚"。所谓的"牛棚"，就是原先堆放学校坏旧的课桌椅的棚屋，一共十几个平方，最多的时候被关的"被审查对象"有四五个。我原先住的地方没有了，到晚上别人下班了，我没有家，只好睡在"牛棚"里，"牛棚"就成了我的家。我的东西也简化到只有一个箱子，一床被子。

牛棚是集中被审查对象的地方，对被审查的教师造成了极大的压力，这些教师可以随时随地被批斗。"某某人出来批斗"，甚至有"把牛牵出来!"的叫喊声不时会传进"牛棚"里。那段时间，真是度日如年。红卫兵不懂事，教师往往遭到莫名其妙的批斗。当时我印象最深的是和我同住牛棚的外语老师孙立信。因为他在解放以前曾在广播电台工作过，因为他英语很好，音质也好，有一年蒋介石的元旦文告是由他播送的。由于有这段经历，他就被打成"国民党特务"，和我关在同一个牛棚里。孙立信患有严重的高血压病，需要长期按时服药。在动乱期间，我两人的公费医疗卡都被红卫兵收去了，某个红卫兵恶作剧，在我们医疗卡上涂了"牛鬼蛇神"的字样，再打上大叉，让我们到医院里看不成病。这样，孙立信的医疗和服药都停止了。在牛棚里，我们只有互相安慰，就是晚上出去喝酒，也是两个人分开出去喝，以免造成不必要的麻烦。一天早上，我眼看着他在床上穿棉毛裤的时候，还没有穿好就一下子倒下去中风了。我赶紧叫人、向工宣队报告，还是来不及了。孙立信终于撒手人寰。后来的一切，把尸体背出牛棚、换衣服，一切的一切，都由我一个人来做，以前我还从来没有做过这些事。

这件事对我的刺激是很大的。我想，如果没有这一场"文革"的浩劫，孙立信老师的命运完全不应该是如此悲惨。他解放前在广播电台工作，便说他是"国民党特务"，这顶帽子肯定是戴不上的。最多他是历史上的问题，这些问题他以前都交待过。这样的斗来斗去，把人都弄死了，"文化大革命"太惨酷了，没道理。

从1968年工宣队进校一直到1971年，刚开始形势很紧张，到后来也就没什么好批斗了。其他人的问题都解决了，只留下我一个人的问题了。于是，1971年对我有一个结论，说我和走资派、反动学术权威没有联系，是思想上的问题，所以对我还是以人民内部矛盾来处理。从1968年初到1971年，在长达三年多的审查和批斗中，扣在我头上的帽子一直是"炮打无产阶级司令部"。在1971年组织上对我的问题结论中，还写着"矛头对着无产阶级司令部"的字句。到1973年"清队"复查时，据说由于我写文章时还不知道"伍丁"是谁，结论才改为："写过《海瑞与〈海瑞罢官〉》《论经济地位决定政治态度》两篇错误文章，经查明，林丙义与反动学术权威和修正主义黑线无关，是属于认识问题，不予处理。"这时，我虽然有了一点自由，但是，由于"写过两篇错误文章"的帽子还扣在我头上，随时都有可能被批斗，只好"夹紧尾巴做人"，过着提心吊胆的日子。

**狂飙下筑起避风塘**

由于我是住校的，在晚上和虹口中学的老师还有不少接触，大家对我个人还是很有好感的。有一个物理老师叫王若安，曾和我住在一个宿舍里，我当造反派头头的时候，他也当头头。1971年时，他看到我当时已经34岁了，认为我这样拖下去吃不消，应该结婚成立家庭。他给我介绍了现在的爱人张梅珍，她的特点是不问政治，是逍遥派，中专毕业，在一家旧货商店当营业员。王若安跟她说，林丙义的问题绝对是属于人民内部矛盾，又讲我有发展前途，政治上肯定没有问题，他可以用人格来担保。所以在1971年5月1日我们终于结婚了。我丈人是个小业主，爱人的一个哥哥在江西，上了劳动大学，弟弟插队去了。结婚时候，我们的工资都不高，我姐姐知道我结婚，就给我寄来400元帮助我。我们的结婚，不请一个人，不办酒席，少了麻烦。婚后第二天，我向学校请假，我们一起去杭州旅游，住在一个亲戚家里。我的好同学沙健也陪我们去，帮我们拍拍照。结婚后，我总算有了一个家。我可以搬出学校的宿舍，住到我爱人家里，即南市区张家弄86弄4号。她家只有一间17平方米的房间，隔成前后两间，像石库门房子的前后厢房，住两代人，一共四个人。我们有了两个小孩以后，我爱人哥哥的小孩也寄养在上海，就住了七个人。不管住得怎么挤，人总算是自由些了，有个家了。在家里，我爱人每月工资30多元、丈人每月工资40多元，我有58元5角的工资，还是算全家最高的了。

在张家弄，我们两个儿子出生了。大儿子林杰出生于1972年2月11日，地点是南市区妇产科医院；小儿子林涛出生于1975年11月14日，地点是"红房子"产科医院。两个儿子的出生，带给我们欢乐。当时生活条件艰苦，我和爱人张梅珍勤俭持家，让两个小孩吃饱穿暖，健康成长。每逢星期天，我们就抱着小孩，到城隍庙或复兴公园游玩，这是我们最幸福的时刻。

我要到1982年才算分到房子。是我到了上海教育学院以后分到的，就是现在住的房子。

当时，为了响应毛泽东的号召，上海到处都在挖防空洞。武进中学所在的街道也在挖防空洞，称911工程。施工队是由附近几个单位派人组成的。学校看我比较闲，就派我参加施工队伍，不让我教书了。工程从武进路开始，一直要挖到四川路，时间比较长。我刚开始是挖防空洞，到后来就让我做电工。因为地下工程总需要照明、排风等配套，所以缺少电工不行。我开始不懂，只好重新学，不久也就学会了。于是，我白天去武进路的工地上班，晚上就回到张家弄家里。那时候，晚上回去时人也比较累了，我就不怎么看书。

当时上海人的精神生活极端贫乏。夏天房间里不好呆，热得不得了，就到外面去乘风凉。别的不好谈，就聊聊手抄本的故事，什么《一双绣花鞋》等。于是，每天晚上我就加入弄堂聊天乘风凉的队伍。

编写组里的"黑户口"

1971年"九一三"事件（林彪叛逃事件）后，武进中学的"牛棚"取消了。不久，我也从"911工程"施工队回到学校。这时，中共中央陆续分批转发了《粉碎林陈反党集团反革命武装政变的斗争》材料，全国也开始了"批林整风"运动。有一天，工宣队找我谈话，让我参加批林材料的宣讲。记得，由我宣讲的活动安排在一间教室里，工宣队和教师都来听，还来了两位解放军同志。那次宣讲的内容是有关辽沈战役的，我先在黑板上画出了辽沈战役示意图，然后根据"材料"对照示意图进行讲解。讲完之后，两位解放军同志连声称赞，说比他们在部队听的讲解还要精彩。此后，工宣队就叫我上课了。当时没有教材，我就把当时正在流行的《第三帝国的兴亡》作为素材，讲第二次世界大战的故事，讲得很细，讲了一个学期，也只讲了"战前的国际关系"。由于上课效果好，学生很爱听。

当时上海各中学已经"复课闹革命"，但缺教材。上海师范大学（"文革"时由华东师大与上海师院、上海教育学院、上海体育学院、上海半工半读师范学院五校合并而成）准备组织教师编写教材，他们到处物色教材编写人员。大约是1975年的一天，上海师范大学历史系有位姓顾的老师，专门到武进中学听我讲课，听后大为满意。顾老师问我有没有兴趣去编写历史教材？我说可以啊！于是我就进了上海师范大学历史教材编写组。那时历史教材编写组组长是孙炳辉老师，是研究世界近现代历史的，所以我们就开始编写世界近代史教材。历史教材编写组的顶头上司是上海市委写作组，市委写作组管教材的是王知常。王知常是我在复旦读书时的同班同学，当时他是"一个鲜为人知的实力派人物"。我知道这件事后，连忙对孙炳辉说："千万不要让王知常知道我在教材编写组，否则会有麻烦。"因为我当时只想"夹紧尾巴做人"，不想张扬，以免有人再来算老账。

此后，我就在编写组里工作起来了。因为我的名字不对外讲，所以我是编写组里的一个"黑户口"。我记得，在毛泽东去世时，我还在编写组，那是1976年9月9日。我是在华师大听到毛主席去世消息的，当时全校一片悲哀，我也感到悲痛，但什么话也不敢讲。那时编出的教材，总要大量引用毛泽东的语录，这些语录按照当时流行的做法，是要用黑体字编排的，所以那时编出来的教材，都是一大片黑体字。我们搞出来的第一本教材是《世界历史》(近现代部分)第一册，由上海人民出版社出版，供春季五年制中学使用。

这本教材是在"文革"后期编的，而出版却在"文革"结束以后，即1976年12月。该教材的"说明"写道："我们坚持以阶级斗争为纲，坚持党的基本路线……"确实如此，教材的内容分八章，其标题分别是：英国资产阶级革命、美国独立战争、法国资产阶级革命、马克思主义的诞生、1848年欧洲革命、19世纪中叶以前亚非拉人民反对殖民主义的斗争、马克思主义在反对形形色色机会主义斗争中发展和传播、巴黎公社。也就是说，教材内容就是"革命"与"斗争"，除此之外，没有其他内容。这反映了这一时期中学历史教材的特色。

## 砸烂文字狱，沉冤得昭雪

1976年10月，党中央一举粉碎了"四人帮"，也结束了长达十年之久的"文化大革命"，举国欢腾。我深感获得"第二次解放"，压在我身上的"伍丁"这座大山总算被推翻了。我的第一件事就是要求平反。从"四人帮"垮台到1978年12月，我一直为自己的"平反"问题而努力。但是，当时还有"两个凡是"的影响，还是讲要将"文化大革命"进行到底。我在武进中学贴出大字报，没有人理睬。要求"平反"，也没有回音。

我写信给虹口中学党支部(当时武进中学又并回虹口中学)，要求平反。我的理由是：1971年对我的问题结论是属于人民内部矛盾。但又说我写两篇文章，矛头对准无产阶级司令部。1973年复查时，说查下来我和党内的走资派和党外的资产阶级学术权威没有联系，属于认识问题，但"问题"还是有的,这个"问题"就是我写文章反对姚文元。现在姚文元倒了,该解决我所谓的问题了。在我的据理力争下,1978年6月,虹口中学的党支部对我的问题又做了复查结论,内容是:"现经复查,我们认为,当时林丙义同志发表《海瑞与〈海瑞罢官〉》等文章,根据毛泽东的双百方针,应属学术讨论,当时受到审查和批判是不恰当的。据此,当时加在林丙义身上的不实之词应予推翻……"

当时我就表示不同意这个"复查结论"。为什么呢?我提出:《海瑞与〈海瑞罢官〉》发表于1965年12月,"文革"开始时并未对我批斗;1968年初批斗我,是因为我写了《论经济地位》的文章,矛头对着"伍丁"(即所谓"无产阶级司令部")。而这个"复查结论"却不提《论经济地位》这篇文章,这是为什么?而复查小组无法回答这个问题。于是,我又写信给虹口区委、市委文教组,反映有关情况,要求"平反",但却无音信。

我的平反问题出现转机是在1978年12月,那时我已调到上海教育学院工作。有一天,我接到上海社联的通知,邀请我参加一个座谈会,时间是12月8日上午,地点是在陕西南路186号礼堂,内容是揭发、控诉"四人帮"借《海瑞罢官》问题大肆迫害学术界的罪行,同时批判姚文元文章中的反动观点。会议由夏征农主持,参加会议的有五十六人,八人发言。按照发言顺序,这八人为:李俊民、胡毓秀(华师大李平心教授的夫人)、林丙义、蒋星煜、周少麟(周信芳儿子)、夏征农、周予同(书面发言)、贺绿汀等。当我在发言中讲到虹口区委对我要求平反的态度时,夏征农插话:"你现在再去找他们,看他们平反不平反?"由于这次会议要求发言的人太多,所以在12月12日又开了一次。但这两次的会议当时都没有立即见报,而是到了12月29日,《解放日报》和《文汇报》同时以"砸烂文字狱,沉冤得昭雪"的标题作了报道。

中共十一届三中全会召开以后,我的"平反"问题也就顺理成章了。1978年12月29日,北京《光明日报》和上海《文汇报》同时发表了高治的《震动全国的大冤案》,提到了我的名字。也就是说我就是这场震惊全国的大冤案中的受害者之一。1978年底到1979年初,《文汇报》和《解放日报》向我约稿,我相继发表了《针锋相对斗文痞》和《谈海瑞与"海瑞精神"》。

这里值得一提的是,我在《谈海瑞与"海瑞精神"》(见1979年3月6日《解放日报》)一文中,除了提倡海瑞"刚正不阿,敢于直言"的精神外,还提出:"当前,全党的工作中心和全国人民的注意力转移到社会主义现代化建设上来,更需要发扬社会主义民主和加强社会主义法制,使民主制度化、法律化,做到有法可依,有法必依,执法必严,违法必究。"这是我从"文革"中得到的感悟。在"文革"时,红卫兵和造反派可以随意对教师进行批斗、抄家、打骂、处罚,使这些教师的基本公民权利得不到保障,可以说是"无法无天"。他们只讲"专政"不讲"民主",只讲"斗争"不讲"法制",造成了多少人间悲剧,这个历史教训必须记取。

1979年3月,虹口中学党支部派人到教育学院来,正式宣布《关于林丙义同志的复查结论》,也就是正式为我平反。结论内容如下:"林丙义同志在'文化大革命'前夕,写过《海瑞与〈海瑞罢官〉》和《论经济地位决定政治态度》等两篇文章,因而在'文化大革命'中遭到迫害。于1973年10月5日原武进中学支部对林丙义同志曾作了不予处理的结论。""现经复查,1965年12月3日林丙义同志发表的《海瑞与〈海瑞罢官〉》一文是针对反动文痞姚文元的黑文《评新编历史剧〈海瑞罢官〉》发表不同意见。1966年4月又写了《论经济地位决定政治态度》批驳伍丁(姚文元的化名)的文章,因而遭到林彪'四人帮'的打击迫害。系属冤案。""据此,原武进中学对林丙义同志的审查和批判是完全错误的。当时强加在林丙义同志身上的一切诬陷和不实之词,应全部推倒,撤销原武进中学支部1973年10月5日不予处理的结论。"署名为"中共虹口中学支部",日期是"1979年3月28日。"

虽然以上迟到的"复查结论",对我来说已无实际意义,但我还是表示"基本同意"。我想,造成我的冤案的确和"四人帮"中某些人有直接关系,但与林彪集团似乎没什么关系。

从1968年初我被"揪出",到1979年"平反",前后长达十一年。不仅经历了"文革",还经历了"文革"后共和国的两年徘徊。1968年我31岁,到1979年已经42岁了,30多岁到40多岁应该是人生中最有所作为的阶段,我却在被批斗、审查、监督劳动,做电工以及"夹紧尾巴做人"中度过。但我又想,能够在当时艰难的环境下,与姚文元作一番斗争,也是为人生留下了一个值得回首的痕迹。

图1：1965年12月3日，《文汇报》发表《海瑞与〈海瑞罢官〉》

图2：1978年12月上海市社联连续召开会议批判黑文《评新编历史剧〈海瑞罢官〉》，这是报道会议消息的《砸烂文字狱　沉冤得昭雪》一文

图3：1965年留影，当年冬天林丙义写《海瑞与〈海瑞罢官〉》

图1：林丙义和奚学瑶（摄于2004年）
图2：1966年11月林丙义赴京串联
图3："文革"后期林丙义重登中学讲台（摄于1974年）

图1：1971年林丙义和张梅珍结婚后，赴杭州旅游
图2：林丙义和大儿子林杰（摄于1972年）
图3：林丙义的两个儿子：林杰和林涛（摄于1976年）

$$\frac{2}{3}\bigg|1$$

# 七、走进历史教学的春天

## "二调一"进教育学院

上海教育学院创立于1960年9月,由原来的上海中学教师进修学院、上海市行政干部学校、上海市干部文化学校、上海市广播学校等四个学校合并起来,主要为了培训在职的中小学教师、行政干部,实际上就是在职的中小学系统教师和干部的终身教育学校。"文革"的时候上海把上海师院、上海教育学院等四所高校并入华东师范大学,合并后称上海师范大学。"文革"后又恢复过去。1978年3月上海教育学院恢复,恢复后的第一个问题是师资力量不足,所以马上就招兵买马。

"文革"以后,我已经在上课并参加了历史教材编写组,教育学院的老师就来学校听我的课。一听课都认为上得好,他们就千方百计要从虹口中学把我调走。当时虹口中学还不肯,结果是"二调一",他们用两个编制的名额把我调了过去,我调到上海教育学院是1978年夏天。

当时上海教育学院的教师有三百四十个,包括各个系的教师。那时还没有历史系,只有政史系,后来就成立了历史系。教职员工加起来有六百多人,包括行政人员,以及各种工种的人员。师资力量比较薄弱,全院正高职称的教授只有两个,副教授十五个,副研究员两个,有高级职称的一共才十九个人。三百四十个教师中只有十九个高级职称,比例相当低。主要原因是在"文革"期间没有评过职称。

1978年,我调到教育学院去时,教育学院对我比较重视,8月份就开始上课,我的教学反映相当好。从1978年到1987年,我每个学期教学任务都很重。一开始就上《中国古代史》《中国近代史》《中国古代经济史》。在这个期间，我还开讲过《史学研究新成果评析》《中学历史课程教材改革评价》《中国古代政治制度》等课程。我在教学中进行了一些探索，主要是摸索成人教育的特点，针对学员的实际情况，有的放矢，因材施教，也有一些收获。1987年2月，在上海教育学院的《简报》上，刊登了我写的《有的放矢，因材施教》一文，就是总结这一时期我的教学经验。

这一时期我对教学所作的探索和收获有以下几点：

一是针对学习对象的特点，因材施教。我们的学员最大的特点是成人、在职、业余。他们边学边教，学习时间少，记忆力差。但他们也有自己的有利因素，有一定的教学经验，理解能力比较强，他们学到的知识可以直接用在课堂教学上。多数学员也迫切地希望通过进修，提高自己在中学教学中的水平。我在上课时就尽量把高师教学的内容和中学的教材内容紧密联系起来。在讲法上，凡是中学教材中的重点和难点，我就重点讲。在讲解时，居高临下，在观点史料方面，要有深度和广度。譬如说，当时中国通史上争论最大的一个问题就是中国古代史的分期问题，在封建制度的形成上，各种说法都有，有最早的西周说，最晚的魏晋说，等等，一共有六种说法。中学历史教材采用郭沫若的"战国封建说"。我在教学中除了简要地介绍史学界的六种说法外，主要分析了"战国封建说"和"西周封建说"，并让学员对这两种学说进行比较。这样，学员不仅扩大了自己的视野，而且能够从较高的层次理解中学教材中的"战国封建说"。

同时，我充分注意到教育学院的课堂教学带有示范性，教师的讲课方式、风格往往会对学员产生潜移默化的影响。虽然高师的教学和中学的教学各有特点，但讲课的生动性和逻辑性却是共同的要求。所以这方面我对自己要求比较严，强调教学的内容要生动性和科学性相结合。当时的中学教师反映：历史课教学的一个大问题就是讲课讲得太抽象，讲得很笼统，学生不要听。历史课不能很有趣，学生便不要听。所以我坚持的一个原则就是每节课的讲解里都插入了历史的细节和细微点，尽可能使上课生动起来，让学员在我们的教学中得到新的知识。譬如，在古代战争中的"斗将"

与"斗兵"的关系，砲(抛石机)与炮(火炮)的区别，《三国演义》中的关羽形象与《三国志》的记载有何不同等。这样，既增强了教学的吸引力，又使学员对历史上一些问题有了正确的认识。不少学员反映，在听我的讲课之后，自己在中学历史教学中科学性增强了，内容丰富了，材料充实了，例子生动了，学生反映也好了。

二是反映史学研究新成果。我们的学员由于工作忙，家务重，平时与学术研究的刊物接触面较窄，所以对史学研究的信息、动态和新成果了解甚少。由此，也造成了他们对学术问题缺乏理解，缺乏丰富的思考能力。对此，我注意了讲课的内容要及时反映史学界新的学术研究信息、动态和成果，启发学员的思考能力。在介绍史学研究新成果时，我还对不同层次的学员讲述不同层次的内容。我在专科班讲"中国古代史"时，主要介绍与中学历史教学密切相关的学术问题，将新的学术成果和中学教材的内容相结合。譬如，讲原始社会的内部分期、中国古代史的分期问题、农民战争的评价问题，重要历史人物和历史事件的评价等。在本科班(后段)，我讲中国古代经济史时，就着重讲中国封建社会的经济结构、中国古代土地制度和赋役制度的演变及其规律、唐后期以后中国经济重心的南移、明代的"朝贡贸易"和清代的"闭关锁国"政策的影响。有些问题，虽然与中学历史教学内容联系不很密切，但是能启发学员对学术问题的兴趣和思考。在介绍史学研究新成果时，我不仅讲述学术界主要学派的观点，而且还摆出自己的看法。

三是重视对学员能力的培养。由于在职中学教师的特点，我们的学员往往研究能力低于讲课能力，写作能力低于口头表达能力，当时有人给他们的一个评语是："眼高手低"，影响了他们教学和研究水平的进一步提高。针对这一情况，我在教学中比较注意对学员研究能力和写作能力的培养，具体的做法有三个方面。

(一) 在课堂教学中重视启发引导。除了介绍学术研究的信息、动态外，我还常常提示学员对某些问题可以作进一步的探讨，或某些问题可以结合中学历史教学实际写点文章，并具体介绍有关的资料和参考书。

（二）在考试的方法上进行改革。考试分闭卷考试、开卷考试，成绩各占50%。闭卷考试，考基础，以测试学员的基础知识为主，问答题、论述题占较大的比重。考试题尽量比较灵活，能够测试学员的综合、分析、概括的能力。开卷考试的形式可以写点小论文，写读书心得、教材内容分析等。评分的时候强调不以教材和教师观点为唯一依据，有自己的看法最好，只要能自圆其说，逻辑上讲得通就可以了，只要持之有据，言之成理，如果逻辑性强，我就打高分。

（三）是对学员具体指导。譬如，有一个1984届的学员叫杨家健，是个中学教师。他根据我课堂讲的材料，写了《春秋时期的两次商战》一文，经过我的修改和推荐，在《上海商报》上发表了。后来，他又在我的帮助下写成了《谈初中历史关于古代赋役制度的教学》的文章，参加了上海市中学历史教学研究会的论文交流，又在虹口区历史教师进修活动中做了介绍，获得大家的好评。以后又在《中学教育研究》上发表。

由于我重视对学员研究能力和写作能力的培养，有些学员在毕业以后，还时常为"写论文"事登门求教。我们历史系1995届本科班学员姚文仪，他学习认真，特别对我的讲课很感兴趣，我还指导过他的论文写作。他从教育学院毕业以后，到上海市委党校、上海行政学院研究生部工作，一直与我保持着联系。在我的指导下，他利用当年听我讲课的笔记、印发的资料，继续进行钻研，撰写了《14世纪中期至17世纪中期中西方社会发展之比较》一文，约14 000字。这是一篇颇有学术价值的论文，发表于2006年第11期《社会科学》杂志上。此外，姚文仪还利用业余时间，撰写了有关文史、政经等方面的文章，约有五十多篇，其中有不少是在我的支持下写的，这些文章大多发表在报刊上。退休以后，他赋闲在家，把这些文章经过挑选，汇编成册，编成《梅岭集》一书，并于2012年11月由中西书局出版，他还请我为此书作序。

作为教师来说，最大的喜悦莫过于看到自己学员的成长提高。但这种对学员撰写论文的具体指导,是根据不同的学员量身定制的,所占用教师的时间较多,占用精力较多。那时,我自己还要承担繁重的成人中学教材和教学参考书的编写工作。编教材,又要准备教学资料,还要找点论文复印,自己搞研究的时间就大大减少了。原来我还想搞点关于土地制度的研究,这样一来,就没有时间搞了,只得中断。我的一些学术研究成果也相应受到影响。这常使我产生一些苦恼,而这种苦恼却在自己学员的成长中得到补偿。

这一时期我的工作量大,工作头绪多。我自己理了一理,这一时期我的工作头绪至少有十个:一个是参加了当时系主任沈起炜教授的项目,他答应了河南出版社的要求,编写一套《中学历史故事选》,就拖住我一起编;第二个是教育局拖住我搞高考复习研究,在上海成立了一个高考复习研究小组,后来参加高考命题,每一个月就有至少两次活动,固定不动;第三个是教育局的工农教学处,现在是成人教学处,拖住我写业余中学的教材;第四个是当时教师职务培训学员都到上海来上课,特别是郊区川沙、崇明,他们路上时间花费多,费用也高,他们提出能不能请教育学院的教师下去上课呢?这样的建议想想也是很合理的,后来我们就实行了送教上门的办法。我被分配在川沙地区搞历史教师职务培训,主要搞一点讲座,一个月去几次;第五个是要搞教材分析,这也是教育局提出的任务,也是搞点讲座;第六个是当时上海成立了青年教师的教学辅导站,把我也拖去,每个月也有几次活动;第七个是教育学院历史系自己的学历教学班,参加这种教学班学习,毕业后可以拿到正式的文凭。我在学历教学班(包括本科和专科)每学期都有教学任务;第八个是上海中学历史教学研究会的工作,研究会的会长是沈起炜,我是副会长,每个月都要安排几次活动;第九个是校外的各种讲座,如青年宫、文化馆举办的历史知识讲座,请我去讲授,每个月都安排几次;第十个是参加大学自学考试的命题和教材的编写。当时上海大学自学考试有"中国通史"这一项目,命题工作由复旦大学杨立强、华东师大丁季华和我三人负责。我们不仅负责每学期的命题工作,而且还编写了《中国通史自学纲要》，作为教材。

这样，我自己剩下的时间就没有了，写文章的时间也没有了。不仅我是这样，其他老师大都同样如此。大家反映，教育学院的教师太辛苦，想要找点时间搞点学术研究，看些文章，精力就不够了。学院里的领导也一时想不出解决的办法，因为教育学院的特点就是这样。

由于我在教学上进行了一系列的探索，也取得了相应的成绩，我曾经获得1984—1986年上海教育学院优秀教育奖，1991年被评为全国优秀教师，1993年还获得了曾宪梓教育基金会高等师范教师奖（三等奖）。

我在复旦毕业后一直设想要一边教书一边做学问，由于我积累的一些资料在"文革"中被抄掉了，结果没做成。"文革"结束之后，我成了教育学院的教师，教学任务繁忙，科研时间很少，我的科研成果就不多了，这就成了我教授职称评得很晚的一个原因。1980年恢复职称评定的时候，我就获得了讲师的职称，到1986年我评上副教授。后来一直拖到1995年才评上教授。

## 善莫大焉分新房

原来我住的是张家弄的17平方米的房子，有两间。前面一间12平方米，我们结婚后两个大人两个孩子都住在这一间里。后面一间5平方米，住有我岳父、岳母和我爱人的侄女。灶间是公用的，居住的困难可想而知。在1982年，上海教育学院开始分配住房，分房小组到我家里实地一看，确实是住房困难，可以分房。当时学院里还是"文革"后第一次的分房，分房是有一个标准，用打分的办法来衡量每人困难的程度。计算分数值的项目有困难分、工龄分、家属分（家里的人数）、职称分、照顾分等。困难分以人均居住面积计算，凡人均居住面积不到2平方米的得15分，不到3平方米者得10分，不到4平方米者得5分，人均居住面积在5平方米以上者就不分房了。工龄分以每年0.5分计算，新调入的教职员工，要工作满五年的才能开始加分。还有：如果有三代同居一室的可加2分。子女1964年以后出生的加3分，1964年以前出生的加4分。职称分正教授10分，最低的助教为2分。我家居住面积为17平方米，一共居住七个人。像我这样的情况，在当时的上海居民家庭中非常普遍。根据以上标准的打分，我分到了当时被称为大套的三室一厅，实际上每一间房间的面积都很小，一共是65平方米多一点。最大的房间是12平方米，小的房间8平方米。因为是新建的住房，都有厨房间、卫生间，尽管很小，但还是称得上"煤卫齐全"了。能分到这样的房子，在当时来说已经是不容易了。所以，我的心情是非常高兴的。新房地址在赤峰路，临近上海外国语学院。1982年分房的时候，我还是一个讲师，后来升为教授后，又增配了40多个平方米。

那时，对我来讲生活上改善最大的就是住房，在工作条件上改善最大的也是分到了房子。在张家弄的时候，我根本是没有写作的地方，家里连一张写字台也放不下。要写一点东西，还要吃完饭以后，理出饭桌，才能摊开书籍，备课或读书写字，而且不能"开夜车"，以免影响家人睡眠。

分到赤峰路新房后，我第一件事是购买一张写字台，放在我们的卧室里。有了写字台，看书写东西都方便了。这时我已开始编写各类成人教育历史教材，这些教材都是在这张写字台上写出来的。同时，新的住房是"三室一厅"，这样我家三代人可以分别在三间卧室里睡觉。现在看来，这些都是基本的工作和生活条件，但这些条件只有在改革开放以后才能实现。

**"读书热"引发了"编书热"**

20世纪70年代末到80年代中期，随着高考制度的恢复，社会上出现了知识青年读书热潮。由于"文革"中基础教育中断，大学也不招生，社会上知识青年或上山下乡，或分配到工厂做工人，他们一般只有初中或高中的水平。高考制度恢复，为这些被"文革"耽误的知识青年敞开了大学之门，同时也引发了他们学习文化知识的热潮。为了适应这股热潮，当时上海许多文化教育单位纷纷举办各种知识讲座，职工业余学校也大量招生。可以说，社会青年的"读书热"达到空前的程度。对此，我是有切身体会的。那时，我应邀在青年宫举办历史知识讲座，每次讲座大厅里总是听众爆满，而且秩序井然。听众多为社会青年、企业职工，也有干部，还有从郊区远道而来的知识青年。

"读书热"引发了"编书热"，为了适应这种形势，上海市教育局工农教育处（后改为成人教育处）急忙组织教师编写职工业余中学的各类教材，成立了上海市工农教材编写组。其中历史教材编写组由我负责，除我之外，还有夏云川、万若增等老师参加。从此以后，上海各类成人教育历史教材多由我主编或参与合编。从1983年到2008年，由我主编或参与合编的各类成人教育历史教材多达二十种，其中除了职工业余中学课本外，还有职工高中自学辅导丛书《历史》、《青工政治培训教材》（历史部分）、《中国通史自学纲要》等。

在80年代，职工业余中学教材印数很大。以我主编的职工业余高中历史教材为例，这本书1983年12月由上海教育出版社出版，到1985年第6次印刷，印数已达220万册。当时还没有实行版税制，所以印数大但稿费并不高，这本书每千字稿费为4元，而且没有印数稿酬。

我们80年代编写的职工业余中学历史课本，都强调"五个社会形态"，阶级斗争史的色彩很浓厚；在叙述各时期的历史时，基本分为政治、经济、文化三部分，而以政治史为主；在"习题"部分，题型单一，都是问答题和名词解释；从教材的指导思想来说，乃属应试教育。这种情况后来随着成人教育的发展和史学研究的进展，也在不断更新。2008年我们在修订成人高中历史教材时，我就提出：改变"五个社会形态"的框架体系；力图突破以阶级斗争为纲的局限；适当删减政治史内容，增加经济文化史的内容；在练习题方面，引进"材料论证分析题"等，培养学生的思考能力和创新精神。

总之，我在80年代主编或与人合编的各类成人教育历史教材，具有印数大、种类多、使用面广的特点。总印数我没统计过，有人估计在1 500万册左右；种类包括职工业余中学历史教材、青年自学历史辅导教材、青工政治轮训教材、大学自学考试历史教材等。使用范围不仅是上海,而且外地也使用,甚至在某些劳改农场、监狱里,他们进行文化学习时,也使用这种教材。当时为数众多的社会青年因此而受益。我对自己编写的这类教材评价为:学术层次不高,作者得益不多,而社会效益很大。

### 做沈起炜的助手和后任

在我之前,主持上海教育学院历史系工作的是沈起炜教授(1914—2012),他当时担任历史系主任。沈起炜是江苏苏州人,既是史学家,又是教育家。他1935年毕业于东吴大学社会学系,对于史学,主要依靠自学成才。至于他为什么从社会学专业转向历史专业,据其《自述》所说,那是当时他看到某杂志刊载周予同的文章,其中写道:"学历史可以了解今日的中国为什么是这个样子。"他感到:"这才是我安身立命的所在。"于是便"参照燕京大学历史系规定的研究生必读书目,进行自学,另外博采时贤著述,主要看他们怎样解释历史"。自1938年开始,他在中学执教,至1987年退休,1988年辍讲,前后五十年。前十六年教中学生,后三十四年教中学教师(执教于上海中学教师进修学院,后该校改名为上海教育学院)。

沈先生精研史学,著作等身。其著作大体可分四类:一是历史专著,如《宋金战争史略》《文天祥》《红袄军》等。二是大量史话著作,如《楚汉战争》《细说魏晋南北朝》《隋唐史话》等。他主编的《华夏五千年》,全书六册,是一部史话体的中国通史。三是工具书。自1959年起参加了《辞海》的历次修订,任《辞海》编委,中国古代史学科主编,直到去世。他参与撰稿的辞书甚多,这里就不一一列举了。值得一提的是,沈先生在90高龄时,还参与主编了《中国通史辞典》,全书370万字,2008年由上海人民出版社出版。他编著的《中国历史大事年表·古代卷》是一部力作,出版以后,好评如潮,被谭其骧教授誉为"小'通鉴'"。四是中学历史教科书和教师用书,这在本书后面还将述及。

沈先生的治学特点是渊博,他不仅精研中国古代史,还涉及中国近现代史，甚至世界史。华东师大有位教授曾说他"学贯中西"。正是有了"通中西"的史学功底，他在担任上海"一期课改"的历史教材主编时，提出了高一历史教材采用中外合编的体例，并作了具体的设计。而沈先生在《自述》中却谦虚地说："由于工作性质及周围环境，我原拟在断代史方面深入下去的打算未能实现，治学博而不精。"我和沈先生"工作性质及周围环境"有许多相似之处，因此对这句话颇有感慨，虽然在学问的"博"与"精"两方面，我都远不如沈先生。

早在中学读书时候，我就拜读过沈先生的《杨家将》等著作，感到这些书通俗易懂，叙事生动，颇为喜爱。进入上海教育学院后，我一直把他看作是老前辈，时常向他请教一些学术上的问题，他总是耐心解答，而且还介绍有关书籍供我参考，使我受益颇多。当他接到一些史书的编写任务时，常常邀请我参编或与他合编，而我也尽心尽力地完成任务。在系主任的工作岗位上，他也经常与我商量一些问题。当时他担任上海中学历史教学研究会会长，我任副会长，具体的会务工作多由我承担。

1987年6月，沈起炜教授退休。30日，教育学院副院长王运武在历史系干部会议上宣布，任命我为副系主任，主持历史系工作。当时上海高校的系主任一般都具有教授职称，而我那时只有副教授职称，所以就以副系主任名义主持工作。那时教育学院共有十个系，其中有四个系没有教授职称，都是某副教授以副系主任名义主持工作。到了10月，上海教育学院又实行系主任负责制，主持工作的副主任不仅责任重，而且工作量大。所以我就向院长张家祥提出意见：一切从实际出发，主持全系工作的副系主任，不管有无教授职称，都要聘为系主任，名正言顺，工作才好做。到了第二年（1988），教育学院给我的"干部任命书"就写上：任命我为历史系系主任。

从1987年6月开始，到1997年1月我到达退休年龄，我主持上海教育学院历史系工作近十年之久。虽然我自己的教学科研任务也很重，但还是尽心尽责地完成各项系主任的工作，并做出显著的成绩。例如，在教学方面，我们在原有学历教学班、中学教师职务培训班的基础上，又开设中学骨干教师培训班，为上海中学历史教学培养了许多拔尖人才；在科研方面，我重视发挥系里教师的特长，积极开展课题研究，使全系形成比较浓烈的科研气氛。在我担任系主任期间，历史系科研申报课题项目、下达科研经费、完成科研项目、获奖项目、申报课题质量等，按人均计算，均名列全院各系前茅。

尤其突出的是师资队伍建设。我十分重视对中青年骨干教师的培养，支持他们外出进修，鼓励他们开展专题研究和教学研究。尽管系里经费有限，但我仍然千方百计安排中青年教师参加各种类型的学术研究会、讲课班，参加国际国内的学术交流活动。在1995年的教育学院学科带头人和青年骨干教师评定中，历史系按人均计算，名列全院前茅。1987年我刚主持历史系工作时，因两位老教授或去世或退休，当时全系没有一位教师具有教授职称。到了1998年上海教育学院并入华东师大时，我们历史系（即原教育学院历史系）已有四位教授，按人均计算，也是名列全院前茅。

在我主持历史系工作期间，最主要的成绩是依靠全系力量，编写上海"一期课改"的中学历史材料。关于这方面内容，将在下面讲述。

# 八、主编上海"一期课改"历史教材

### 从投标到中标

所谓上海"一期课改"，是指20世纪80年代末到90年代上海进行的一次中小学课程教材改革。由于1998年上海又进行第二次课程教材改革，所以习惯上就把前面一次称"一期课改"，后面一次称"二期课改"。

上海"一期课改"是有着国际国内背景的。在1981年召开的第38届国际教育大会上，提出"中小学要为培养全面发展或平衡发展的人才打基础，以适应科学技术迅速发展的形势"。1984年召开的第39届国际教育大会，明确指出改革中小学教育的中心环节是改革课程设置和教学内容。我国教育界也充分认识到课程教材改革的重要性，于是就把这项工作提上议事日程。

1983年，教育部成立中小学教材办公室，1986年，又成立全国中小学教材审定委员会。1988年4月，国家教委在山东济南召开全国第一次教材编写规划会议，提出教材改革的具体措施和部署。决定中小学教材改变全国统编的模式，实行"一纲多本"，即全国各地以教学大纲为依据，编写多套不同风格、不同特色、适应不同地区中小学使用的课本。

1988年5月底，上海中小学课程教材改革委员会正式成立，由市政府教卫办主任王生洪兼任委员会主任。在成立大会上，王生洪就提出这次改革"最终目的是适应经济和社会发展的需要"。后来他又进一步提出："我们的期望目标是有限的，不要求十全十美，一步登天。我们只希望在几个根本问题上有所突破，这就是：要改变以升学为中心的课程、教材体制，改变统得过死，学得过死的状况；要使学生德、智、体、美、劳和谐发展，在全面提高素质、发展个性方面有所突破，在减轻负担、提高质量方面有所突破，在加强基础、培养能力方面有所突破。"

这个期望目标，后来被概括为两个"改变"和三个"突破"。应该说，这在当时既有针对性，又有可操作性。特别是"发展个性"的提出，具有重要意义。因为长期以来，特别是在"文革"中，我们在思想领域强调"斗私批修""狠斗私心一闪念"，反对个人主义、自由主义，"发展个性"问题成为"禁区"。据王生洪说，开始他们在这个问题上也有顾虑，后来查看了《共产党宣言》，马克思说：每个人的自由发展是一切人的自由发展的条件。说明马克思主义是尊重个性发展的。于是他们就把"发展个性"作为期望目标提出。这在当时来说，是一次思想解放，也是思想领域的一次突破，对以后我们编写历史教材也有很大影响。

上海中小学课程教材改革委员会成立后，立即向全市各有关单位（主要是高等师范院校各系科）招标，以确定各学科教材的编写单位。当时我们已经出版了许多成人教育历史教材，历史系在研究中学历史教学方面也取得丰硕成果，所以教育学院领导就动员我们参加投标。我找沈起炜先生商量，取得他积极支持。于是我就召开全系教师会议，听取大家意见。在集思广益的基础上，我撰写了"投标书"，即《上海历史教材的编写设想》。

《上海历史教材的编写设想》，首先对当时现行教材（即全国统编的历史教材）的利弊进行了分析，说明为什么要改。我们认为现行教材有过分强调阶级斗争的倾向，仍然是以阶级斗争为纲。这样，对人类创造的其他文明如物质文明、精神文明的内容讲述得不够。其实，这并没有科学地体现马克思主义理论的原意。还有，现行的中学历史教材，虽然几经修订，在内容上做了局部的补充和调整，但是它总的体例未变。现在根据党的教育方针，从培养我国现阶段所需要的人才出发，这一教材显然不能适应时代的需求，主要表现在三个方面：

（一）不能适应我国经济建设对人才培养的要求。现行的教材偏重于讲阶级斗争。当然，阶级斗争还是要讲的，但是要适量。我国经济建设需要的是"四有"人才，而不是"造反派"。在这方面，中学历史教学承担着义不容辞的任务。例如，在中外历史中有许多感人的事迹，杰出历史人物身上所反映出来的优秀品质，对陶冶青年学生的道德情操，激励他们为振兴中华、实现"四化"而奋斗，有着深远的教育意义。而这些内容，在现行的教材中反映甚少。又如，我国的经济建设需要充分借鉴外国的历史经验，从中吸取有益的营养。"它山之石，可以攻玉"，现行教材在这方面有很多欠缺。例如，讲日本的明治维新，教材罗列了许多内容，但对明治维新重视教育却没有强调。再如，美国曾经落后于英、法等国，但在19世纪末、20世纪初却突飞猛进，赶上和超过英国和其他国家，其经验之一就是重视智力投资。19世纪最后二十五年，欧亚的移民源源来到美国，不仅为美国的发展提供了必要的劳动力，其中熟练的工人还带来了技术，知识分子带来了科学文化。而这些内容，都是现行教材所忽视的。我们现在的中学生，到毕业时将是20世纪末，他们将在21世纪中大显身手。随着对外开放，对内搞活经济，特别是我国和平统一以后，将会出现一个国家、两种制度的局面，面临着社会主义和资本主义之间的复杂关系。如何从中学阶段就培养青少年认识复杂的社会问题，增强抵制各种腐朽思想的侵袭。在这方面，中学历史教学有许多问题需要探讨。我们也应从这个角度考虑中学历史教材的改革。

（二）现有教材对青少年学生缺乏吸引力。现在，有不少中学生对历史课不感兴趣。其原因固然很多，但教材没有编好，显得死板、枯燥，也是其中之一。现行的中学历史教材是根据教学大纲编写的，其内容是对大纲所规定的条目进行阐述。由于严格限定字数，同时又必须讲清问题，所以只好采用"浓缩"的写法。结果，使生动活泼的历史内容，变成"压缩饼干"。这种情况在初中教材中表现较为突出。应该说，现行的教材一般能够用简明扼要的语言，说清某一历史事件或历史过程，这是值得效法的。但是，对于"压缩饼干"，则要设法改一改。看来，除了不必过于强调历史学科的系统性和知识的完整性外，还需要增加教材的容量（字数），没有一定的容量,既无法讲清问题,也无法做到有血有肉,生动有趣。如果在教材中增加一些生动的史实,能够引起学生的兴趣。同时减少一些死背硬记的内容,即使增加了一点教材的容量,也会受到学生的欢迎。此外,考虑到学生的年龄特点和接受能力、思维能力等,现行教材还存在着初中历史教材概念偏深偏难,在语言上也存在成人化、概念化的现象。高中历史教材,基本上是苏联教材的模式和体系,对史实的选择往往缺乏典型性和生动性。偏重知识,在培养学生能力方面不够重视。

(三)现行教材不能适应不同地区的需要,也不能适应上海经济发达地区的培养人才的要求。我国地大人多,从古到今都存在着经济、文化发展不平衡的问题。现行的教材,实行"全国统编",当然无法考虑到各地区的具体情况。从经济文化比较发达的地区来说,学生的接受能力较强。随着改革开放,他们对于某些社会现象,喜欢追究其历史原因,在观看电影、电视和文艺作品时,也希望了解有关的历史知识,这些都要求教材在分析问题时避免简单化。因此,这些地区的中学历史教材,可以比现行的教材深一些,知识面宽一些。我国这些地区现在面临着进一步发展外向型经济,与此有关的中外历史知识,在教材里也应该得到反映。

对于新编历史教材的初步设想,也有三个方面:

(一)指导思想:历史课在社会主义文明建设中占有重要的地位,只有了解历史,才能更好地了解今天和展望未来。由于历史学科具有综合性的特点,所以历史教学的具体目标也是多方面的。从经济发展对人才的需要出发,历史教学更需要强调使学生了解我国的国情和世界情况,培养爱国主义思想感情,增强国际竞争意识。我们的老一代革命家和知识分子,是在受国耻史(帝国主义侵华史)的刺激下成长起来的,我们新一代的青年,也应该从中外历史发展演变中得到激励和启发,从而树立振兴中华的雄心壮志。根据"一纲多本"的原则,新编的历史教材应以新的教学大纲为依据。同时,根据发达地区经济发展对人才的培养的要求,对大纲的内容进行调整,使新教材具有时代和地区的特色。在深度和广度上,要略高于现行的历史教材。

（二）编排体系：新编历史教材以篇、章、节、目编排体系为主。在教材的内容上可分大、小字两类排版，以增加教材容量。小字体结合有关教学内容，或从微观角度描述具有典型意义的生动史实；或补充某些材料，以开阔学生视野，启迪学生思维。小字体的内容，不作考查要求。同时，还可考虑用"专题讲座"或"史话"形式，编写一些辅助教材，供学生课外阅读。

（三）特色分析：新编的历史教材，要吸取现行统编教材的优点，借鉴港澳、台湾地区以及外国历史教材的某些编写经验，从我国发达地区的实际情况出发，力求体现以下几个特点：1.体现时代和地区特色，以适应我国经济发达地区发展外向型经济对人才培养的要求。要加强思想文化（包括科技）、商品经济、人口环境、中外经济文化交流、沿海地区经济发展等内容，精简赋役制度、土地制度等内容，增加具有教育意义的历史人物优秀品质和感人的事迹，精简阶级斗争方面的内容；增加可供我国经济建设提供借鉴的历史事实。2.加强爱国主义教育的内容，从多角度培养学生的爱国思想和情感。例如，介绍祖国辉煌的过去，增强学生的民族自尊心和自信心；叙述我国自古以来精神文明建设的光辉成就，教育学生继承和发扬中华民族的优良文化传统；分析我国近百年的苦难史，激发学生加速建设"四化"的紧迫感、责任感；揭示历史上志士仁人为民族独立、国家富强而英勇斗争的精神，使学生从中吸取精神力量。此外，还可以联系世界历史进行横向比较，看到落后的一面，增强学生的国际竞争意识。3.在保证科学性、思想性的前提下，凸显历史教材的具体性、生动性、趣味性。从学生的年龄特征、心理特征和认识实际出发，力求通俗易懂，生动有趣，对学生有吸引力。加强教材的直观性，增加插图，如历史地图，图片（包括彩图）、表解等。4.反映史学研究的新成果，如史学观点的新突破，考古的新发现，对某些历史问题的重新解释，对历史人物的重新评价等。5.在叙述历史问题时，注意运用宏观概括、微观描述、纵横联系等手法。世界历史教材的某些部分，要结合中国历史进行叙述。现行的教材一般只是在讲到中外经济文化交流时提到中国历史,这个框框可以打破,如讲到法兰克王国,可指出与唐朝同时,当时中国文化远在西方之上;又如讲18世纪的美国独立、法国革命、英国工业革命时,可指出我国正处在所谓"乾嘉盛世",实际是关起门来睡大觉,等到醒来时,世界已经变样。这样联系,目的在于总结历史教训,激励学生振兴中华,增强国际竞争意识。6. 注意发展学生的智力和培养学生的能力。特别是练习题,要进行精心设计,力求具有知识性、启发性、趣味性,启发学生动脑思考问题。在综合练习题中,要加强中外历史纵横联系,注意培养学生的综合、比较、分析、概括能力和自学能力。

中国历史和世界历史的下限都延到20世纪80年代初。对于与当前现实关系十分密切的重大历史问题,在教材中要有所反映。

这里需要说明的是,在上述投标书中,我们尚未提出高中一年级教材采用中外历史合编体例的设想。这一设想,是以后在制定课程标准和编写教材时,由沈起炜先生提出来的。

我们的投标书在社会上评价较高。王生洪后来向北京汇报了我们的一些新的编写设想,听说国家教委领导何东昌等也给予了肯定。市教育局局长袁采对我说,你已经编了这么多成人教育的教材,应该不会出什么纰漏吧。于是,最后我们就中标了。

评比小登科,奖金一万二

历史系"中标"以后,我们就开始组建历史教材编写组。我和沈起炜先生商量后,决定编写组以本系教师为主,并聘请在中学教学第一线具有较高业务水平的历史教师参加。1988年底,教材编写组成立,共有十四位教师,具体分工如下:沈起炜担任主编,我任常务副主编兼编写组组长,历史系副系主任程栋任副主编。除以上三位外,还有七位本系教师参加,他们是:刘善龄、胡毅华、顾卫民、闫海云、沈敏华、傅聚文、郭景扬等。聘请中学教师有:朱正谊(特级教师)、沈怡、孔繁刚、夏云川四位。

编写组实行主编负责制,但三位正副主编有所分工:沈先生主要负责高中教材的主编工作,我主要负责义务教育(初中)教材的主编工作,程栋负责义务教育九年级(初三)教材的主编工作。分工不分家,对全套教材的编写指导思想、框架体系、如何处理某些疑难史学问题,则由沈先生和我两人商量决定。在每册教材(包括课程标准)发稿前,都经过我们两人审读把关。

当时我们编写组还外聘一位顾问,他是美国艾奥瓦大学教育学院副院长、社会科教育学教授罗伯特(Robert)。聘请罗伯特为顾问,开始是上海中小学课程教材改革委员会办公室向我们推荐的,并由委员会发出聘书。罗伯特是一位博士生导师,也是全美社会科理事会国际活动委员会和世界未来学会的成员,编写过多种教材。开始时,他不仅来信表示愿意担任我们编写组顾问,而且寄来多本美国历史教材(原版),我与他也有通信来往。后来,1989年发生"政治风波",他寄来美国报纸有关这次"风波"的报道(剪报)。当时,我对这场"风波"采取不介入的态度,所以没给他回信。此后,我与他的联系就中断了。

历史教材编写组成立后,第一件事就是搞调查研究。为了了解上海整个课程教材改革的进展情况,编写组派出郭景扬等,参加上海中小学课程教材改革专题研究调查组,并参与"上海中小学课程改革方案"的起草工作。郭景扬经常给我们带来新的信息,使我们调查研究方向更为明确。当时我们编写组的调查研究面相当广,除向高校、研究单位、社会各方面进行调查外,还深入市内外五十多所中学,向学校领导、教师、学生作广泛调查,次数达数千人次,取得数以千计的数据,这就为制定初高中历史学科课程标准和编写教材奠定了坚实的基础。

编写组经过近两年的调查研究,制定了《九年制义务教育历史学科课程标准(草案)》和《高级中学历史学科课程标准(草案)》。1991年10月在国家教委组织的学科审查委员会审查会议上,《九年制义务教育历史学科课程标准(草案)》通过审查,获得专家一致好评。会后,国家教委主办的《学科教育》杂志还向我约稿,希望我们制定的这个课程标准能通过该刊,向全国介绍。于是我就写了《上海九年制义务教育历史学科课程标准(草案)简介》,刊载在1992年第2期《学科教育》上。至于《高级中学历史学科课程标准(草案)》,则由上海中小学教材编审委员会审查通过,并于1992年4月正式出版。

在制定高中历史课程标准的时候,我们遇到了长期以来我国高中历史课程设置存在的两个问题:一是高、初中历史教学内容重复。由于高、初中历史课程采用螺旋式的排列,初中阶段设中国史和世界史两门课程,而高中阶段仍然是设立这两门课程,只是教学内容和要求有所拓宽、加深和提高。但不管如何拓宽、加深和提高,重复是难免的。二是高中历史课时一般少于初中历史课时,高中历史教学内容既要保持其系统性又要在初中基础上进行拓宽和加深,难度很大。1991年前,我国一度采用高中只设世界史课程,不设中国史课程,以便给世界史以较充足的教学时间进行拓宽和加深。这又造成许多高中生对祖国历史和国情不甚了解,这显然不符合我国基础教育的目标。1992年开始,按国家教委要求,压缩高中世界史教学内容,增加中国近现代史课程。但是高、初中历史教学内容重复问题不仅没有解决,反而更加突出。为了解决上述问题,沈起炜先生提出这样的设想:高一历史必修课选择与现实关系比较密切的15世纪以来的中外历史,作为教学内容。课本的结构体系采用中外历史合编的形式,以便从中外联系、比较的角度,加深学生对近现代历史的认识,避免与初中历史教学内容的简单重复。

对于沈先生这一设想,我当时就感到很有新意,而且这种教材的结构体系,在我国基础教育的历史教材中尚属首次,所以我表示坚决支持。根据编写组的内部分工,高中历史教材的主编工作由沈先生负责,所以这一中外历史合编的高一课本,从内容选择到章节的安排,基本上都由沈先生负责到底,他还亲自撰写了其中有难度的若干章节,我只是起了协助和参谋的作用。

我们编写组采用"两条腿走路"的方法,在制定课程标准的同时,编写教材的工作也在进行。在教材编写过程中，我们打破"关门编教材"的传统，实行"开门编教材"。编写组建立了与市、区、县中学历史教研员的固定联系，从课程标准、教材内容确定，到教材出版后信息反馈，试教工作的组织与研讨，教研员都发挥了巨大作用。他们提出的许多意见和建议，对提高教材质量起了很大作用。

编写组还改变了过去编、教脱稿的现象，做到既编写教材，又负责新教材的教学辅导，同时参加试教研究工作。从1991年秋季开始，我们编写的教材陆续出版，这年暑假，我向全系教师做了动员，要求大家参加新教材教学培训班的辅导工作。沈起炜先生当时已经77岁了，不顾天气炎热，亲自去闵行参加辅导工作。我则在上海电视台26频道开设讲座，分析义务教育七年级（初一）历史教材的重点、难点、指导教法设计。

到了1994年上半年，历史教材编写组的编写任务基本上告一段落，教材编写进入修改阶段，编写组人员减少为七名。当时上海还进行了一次中小学各科教材评奖活动，市教材办向一百多所新教材试用学校问卷调查，并以此作为评奖的依据。上海中小学各学科教材约200多本，由各科编写组送评的有48本，其中18本获奖。5月4日，上海中小学课程教材改革委员会召开各科教材编写人员大会，宣布教材评奖的结果。我们编写组编写的义务教育七年级第一学期历史课本和高中一年级历史课本获奖金12 000元。袁采在大会上特意指出，历史教材编写组编写的高中历史教材，采用中外合编体例，体例上有突破，教学内容符合"三个面向"的要求，学生反映比较好，大学校长和企业界的人士也很赞赏。

在这次会议上，我作了题为"修改初、高中历史教材的几点设想"的发言。我把修改教材的设想概括为24个字，即体例不变，突出特色；精选内容，减轻负担；精心修改，提高质量。

在讲到"体例不变"时，我说：我们高中教材采用中外历史合编的体例，即以14—15世纪的历史为起点，以世界史为主线，把中国作为世界的一部分进行叙述。这个体例突出反映了两个问题，一是15世纪新航线开辟以后,世界开始逐渐形成一个有机的整体,而其中起决定作用的是工业革命和世界市场的形成。教材突出了科学技术和市场经济在近现代史发展中的作用。二是从14—15世纪开始,中国由于闭关自守,开始失去先进地位。这个观点是邓小平提出的,要分析中国落后原因,要从鸦片战争开始往前推三百年,也就是明朝中后期。我们的高中历史教材,从中国开始落后写起,目的是增强学生的国际竞争意识。由于闭关自守,造成落后,然后落后挨打,被迫开放,最后主动开放。几百年的历史说明:中国必须大胆走向世界,参与国际竞争,才是振兴中华的道路。这两个问题,第一个问题理论依据来自马克思,第二个问题理论依据来自邓小平。既然我们认为我们教材体例有马克思、邓小平理论作依据,当然就应该要坚持。

在讲到"突出特色"时,我提出:突出教材特色,有时会和国家教委审查委员会发生矛盾。我们的看法是,只要我们看准了,在试教中又证明效果比较好,我们就坚持。例如七年级第一学期课本,我们为了突出中华民族优良传统教育,在春秋战国的"诸子百家"中安排了2课时,强调儒家文化和孔、孟的影响。去年(1993)送审时,国家教委审查委员通不过,要我们修改。我和沈起炜先生商量后,决定坚持不改,我还写信给审查委员,表示自己的看法,结果国家教委的审查委员收回了意见,同意了我们的安排。

在讲到"精心修改"时,我认为:在修改时,我们还要注意不讲空话、大话、不切实际的话。例如,讲到解放前,就说广大劳动人民饥寒交迫,水深火热,无以为生,我们认为这只是解放前的局部地区或某些特定时期,不能一概而论。也不能一见到资本主义就骂,一讲到社会主义成就就是"极其伟大",把话说绝了。资本主义在当前还有生命力,社会主义本身还在不断完善,要实事求是,否则不但不能达到思想教育的要求,反而会使学生产生逆反心理。

以上我的发言,反映了我在主持历史教材编写时的想法和做法。据说,我的这次发言社会反映很好,上海教育学院还在《系主任信息(四)》上全文刊登了我的发言稿。

北京的教材编写研讨会

1989年"政治风波"之后，12月我接到通知，要赴北京参加教材编写的研讨会。会议是由国家教委召开的，会议叫"义务教育文科教材编写研讨会"，时间是1989年12月10日到15日。会议由国家教委副主任何东昌主持，参加者有全国义务教育文科教材的主编，文科包括有语文、政治、历史、地理、社会，等等。中心议题是贯彻中共十三届四中、五中全会的精神，加强三个教育，即思想政治教育，国情教育、反和平演变教育。我们住在中央组织部的招待所，简称"中组招"。会议一个是听报告，一个就是开展讨论。

会议上，最主要的报告是由何东昌做的。他讲了文科教材在新形势下如何进行思想政治教育，讲了"今年春夏之交的事情"（当时不讲是"六四"事件，也称"70天"），要考虑苏联、东欧的影响，意思是说，社会主义国家意识形态没有搞好，就会要翻船。

会上有几个报告。第一报告是苏联、东欧研究所所长周新成的报告，主要讲苏联、东欧的形势。那时匈牙利、波兰已经变了，苏联已经很乱。他详细介绍匈牙利和波兰演变的过程，并批判戈尔巴乔夫的"新思维"。

袁木也讲了话，他一开始就讲，现在有人说"东方不亮西方亮，西方亮了东方也要亮"，他认为这句话很反动。他分析了东欧剧变的原因有两个，一个是欧美的和平演变政策，一个是戈尔巴乔夫的"新思维"，还有是东欧国内有政策失误的问题，如党内腐化的问题、经济问题等。

北大校长吴树青的报告，认为现在大学碰到的认识问题有三个：一个是苏东问题，一个是经济问题，一个是出路问题。他专门讲经济问题。他说五中全会讲了肯定经济的成绩，但经济很困难，市场疲软、工业生产速度下降，总量不平衡，需求与供给不平衡，出现了投资、消费膨胀，供应不足。经济秩序紊乱，宏观调控能力比较差。经济上是高消耗低效益；高投入低产出；高消费低效率。我们的能源消耗与日本相比，是4比1。

他认为粉碎"四人帮"以后的跃进是"洋跃进",1979年以后就好一点,提出了要调整,1984年、1985年物价上涨,1987年问题严重,1988年实际问题没有解决,有人提出要开放价格。价格要闯关,结果引起了抢购风。所以,经济是个问题。

国家教委副主任柳斌也做了一个报告,强调过去我们讲国际潮流,和平发展讲多了,对帝国主义的"不战而胜"的政策,就是和平演变的政策讲得不够。意思是要讲反和平演变,强调只有社会主义才能救中国。各门学科的教材都要强调反和平演变的教育,强调国情教育,强调爱国主义教育。

在会议分组讨论时,我是参加历史组的。历史组的召集人是人民教育出版社副总编苏寿桐,参加者有人教版的教材主编王宏志、北师大版教材主编孙恭恂、八所师范院校合编的教材主编吴雁南、四川版教材主编杨光彦、广东版教材主编陈周棠等。中共党史研究室沙健孙等也参加历史组讨论。

历史组讨论的范围很广,比较集中的是两个问题。一个是教材"断限"问题,即中国史和世界史写到何时为止,这是教材编写中一个实际问题,其实质是教材要不要写1989年的"政治风波"和80年代后期的"东欧剧变"。讨论时有几种意见:一是中国史写到建国40周年,世界史写到1985年;二是中国史写到中共十三大,世界史写到1985年;三是中国史和世界史都写到70年代末80年代初;四是不搞一刀切。我主张中国史写到中共十三大,世界史写到1985年,也就是说"政治风波"和"东欧剧变"都不进教材。我的意见得到吴雁南的支持。对这个问题讨论时不做结论,仅是提供一些观点,供大家参考。

第二个问题是要不要写1949年以后的台湾史。因为当时台湾经济发展很快,成为"亚洲四小龙"之一,要不要写?如何写?一种意见是:可以写,但要说明台湾的经济是在特殊条件下出现的,不能说明台湾道路正确;另一种意见认为:这个问题比较复杂,还是不写为好。有人提出,教材不要专门写台湾,可以在写"一国两制"时,在介绍背景的时候提到台湾。这个办法很巧妙,既可以说明台湾是中国的一部分,又可以避开台湾经济发展的问题。

在讨论台湾经济发展的原因时，沙健孙分析了台湾经济发展的种种原因，包括蒋介石到台湾后，有一批资本流入台湾，蒋介石又从大陆带去大量黄金等。我则认为台湾实行"和平土改"也是重要原因。为此，我与他还发生了争论。这是我第一次与著名史学家面对面的争论，因此留下一些印象。

这次会议是一次务虚会议，通过会议，我认识了许多编写教材的同行，获益良多。例如吴雁南教授，他是贵州师大校长，太平天国史专家，当时他与我同住一个房间，夜间我们无话不谈。有一天晚上，他约我和陈周棠教授同去拜访著名的清史专家戴逸先生。吴雁南因故提前回去，我还为他送行。

我对这次会议感受最深的是：编写历史教材要重视思想政治教育，对于敏感问题一定要慎重处理。还有一个感受是，这次会议气氛多少受了一些当时"左"的思潮影响。

### 引起中央重视的"内刊报道"

从北京回来后，我一直在思考一个问题，编写历史教材如何做到科学性与思想性的统一。在北京的教材研讨会上，有人提出："写教材，如果科学性与政策有矛盾，服从政策。"我对这句话很反感。我认为写教材一定要坚持科学性，尊重史实，尽可能客观地记述历史，虽然这一要求实际上未必都能做到，但在主观上要有这种坚持。在实际上，我们在编写教材时，也碰到许多难题，一时难以解决。

1991年教师节，上海市政府在贵都饭店召开优秀教育工作者的座谈会，我应邀出席。在会议上，正好陈至立就坐在我旁边。我就对她讲到我们在编写历史教科书时遇到了很多问题，不好写，至今还有很多的难题不能解决。当时陈至立听了，没有表态。但是我反映的问题，被站在旁边的文汇报记者张志强听到了。他当场做了记录，最后还跟我说：我们会后约个时间详细谈。不久，张志强到上海教育学院专访，我们找了一个房间，整整谈了一个上午。谈好后，他就把我的讲话整理出来，经我审读后就在

1991年11月28日的《文汇报情况反映》(内刊)上登发了。标题为:《上海教育学院历史系主任林丙义反映:当前历史教材编写中的几个难题》。

我所反映的问题主要是:1. 有的问题现在没有足够的资料可资学习参考,因而不好写,写不透。如对第二国际民主社会主义思潮的剖析。目前,世界上有一百多个政党奉行民主社会主义,东欧的剧变也与该思潮有干系,现在研究不够,教科书难写。2. 对中央没有正式表态和评定的事件,不能写进历史教科书。如中苏论战,"九评"怎么看? 第二次世界大战以后,出现了两大阵营,以前教科书上有,现在不提了,教材只好回避了。还有斯大林模式的评价问题、中国农业合作化运动是不是搞早了的问题等。3. 写进教材的内容可能与现行政策不一致,难以落笔。如朝鲜战争,有材料表明是北朝鲜放的第一枪,可不可写? 等等。4. 一些应该写进教材的内容,因为缺乏有说服力的材料,也难以写好。台湾的发展问题,中国与印度发展的比较问题等,有的还涉及外交政策,也要考虑。5. 还有一部分历史学界争论比较大的问题如何处理等。

我反映以上的问题,目的是希望中央宣传、教育、外交部门,能帮助历史教材编写人员明确若干必须明确的问题,同时为我们创造更多的学习和研究条件,供给必要的文件资料,使历史教材能真正成为国情教育和爱国主义教育的好教材。

这篇报道在《文汇报情况反映》(内刊)发表以后,引起中央领导的重视。当时国家主席杨尚昆以及薄一波、胡乔木、胡绳等都一一过目,并作了批示:"所提的问题带普遍性,不仅写教科书会碰到,写历史,研究国际、国内大事件等都会碰到。再收集一些类似的难题,加以研究,提出一个比较完全的答案。"

批示转到中宣部,中宣部教育局先在北京开了两次高层次、小范围的座谈会,于1992年9月25日整理出《高校公共历史类课程的疑难问题》一文。到了1993年4月,中宣部教育局局长与理论处处长专程来到上海,在复旦大学又开了一次小范围的专题座谈会。除了我参加以外,还有华东师范大学的两位教授以及复旦历史系主任和马列主义理论研究所的教授等参加讨论。最后,中宣部教育局领导表示:问题反映得很好,有些问题可以贯彻"双百"方针,进行学术讨论;有些问题要整理出来交给国家教委,由国家教委专门立项研究;还有一些问题则由中宣部整理后,上报中央办公厅。

### "中外合编"点赞多

从1989年开始,我们教材编写组在调查研究的基础上,编制了义务教育和高中历史学科《课程标准》。从1990年开始,根据《课程标准》编写教材。经过数年努力,到1996年已出版了下列31本教学用书。

(一)课程标准:

　　1. 全日制九年制义务教育《历史学科课程标准(试用)》1本;

　　2. 全日制高级中学《历史学科课程标准(草案)》1本。

(二)教科书:

　　1. 义务教育七、八、九三个年级历史课本(上下册)共6本;

　　2. 高级中学一年级必修课历史课本(上下册),2本;高级中学三年级选修课历史课本1本。

(三)教师用书:

　　1. 义务教育七、八、九三个年级《历史教学参考资料》共6本;

　　2. 高中一年级《历史教学参考资料》共2本。

(四)学生用书:

　　1. 义务教育七、八、九三个年级《历史练习册》共6本;

　　2. 义务教育七、八年级《中国历史地图册》3本,九年级《世界历史地图册》1本;

　　3. 高中一年级《高中历史地图册》2本。

这里需要说明的是,在以上教学用书中,历史地图册是由中国地图出版社根据教材内容绘制的,沈起炜先生和我担任顾问,并没有具体介入绘制。若除去历史地图册,编写组编写的教学用书为25本。

从1991年秋季开始,我们编写的历史教科书就在闵行区等一些中学试教。1992年秋季,上述教材又在上海各中学逐步推广。在试教和推广过程中,社会各个方面对这套教材的评价是很高的。

首先是教材受到广大师生的好评。他们在教学实践中反映,教材"学生喜读,教师爱教";"大字精炼,小字生动";"每一章后的'想一想、试一试'或'思考与练习'都作精心的安排,促使学生动口、动手、动脑,培养了学生的能力"。

教材的特色还得到海内外专家的肯定。国家教委历史学科审查委员会对七年级课本的评价是:"教科书的编著者以历史唯物主义为指导,选材比较精炼,引用资料比较翔实,注意吸收科研成果,突出历史教育功能,加强对历史事件和人物的生动描述,注意学科知识的相互渗透,帮助学生理解历史与现实事物的联系,发挥历史的借鉴和启迪作用。""教科书的分量符合'增强教材弹性,注意减轻学生负担'的原则。能力培养的措施比较得当,思考题以'想一想,试一试'的形式进行,既能激发学生的兴趣,又能培养思维能力和写作能力。"

日本上越教育大学二谷贞夫教授在其论著中详细介绍了我们这套教材的内容结构体系(章节内容安排),并予以好评。我国台湾清华大学历史研究所张元教授、韩国国际历史教科书研究所李泰永教授等,也对这套教材予以好评。

在我们编写的教学用书中,最具有特色和创新意义的,是采用中外历史合编的高中一年级《历史》必修课本。由于这一课本体例新颖,内容也比较深,当时我和沈起炜先生都担心是否能适应高中历史教学。结果经过试教,却使我们放心了。

这一课本在试教时候,受到有关师生的欢迎,他们表示"基本上能够适应"。在教学实践中,他们反映:"新课本采用中外历史合编的体例,有利于培养学生的世界意识,培养国际竞争意识,有利于思想教育和能力训练";"新课本有利于对中外历史进行联系和比较,这样可以使我们对历史了解更加深刻";"把中国历史放在世界总环境里叙述,更加清楚地认识到近代中国落后的原因";"新课本有利于培养学生的改革开放意识,虽然课本体例变化比较大,增加了不少知识点,但只要教师认真备课,基本上能够适应"。

高一历史课本采用中外历史合编,也引起国内外的专家学者的注目,他们很赞扬这一创新精神。在国内,有些专家在论著中介绍了这一课本的中外历史合编结构体系,认为"对我们来说无疑是一大革新和突破"。在国外,课本的中外合编体例引起日本比较历史教育研究会的高度重视,他们在有关学术会议上进行了专门讨论。日本历史教育者协会副委员长佐藤伸雄认为:"世界上不少学者都提出历史教材应采用本国史与外国史合编的形式,上海在这方面已走到世界的前列。"

直到21世纪初,当时上海中小学"二期课改"已经启动,我们编写的中外合编的高一历史课本仍在使用。2004年12月,《历史教学》发表署名陈其的文章《高中历史课程知识和教学体系浅议》,该文对中外合编的上海高一历史课本予以很高的评价。

文章列举了课本前面十九章的标题,指出:"细细琢磨上述结构,能发现很多亮点。如,第二章的设计新颖和独特,它把中国和日本在新航路开辟后的历史发展状况加以对比,发现其中的异同,具有较强的历史启发性,也为在19世纪中期后两国历史发展的分道扬镳埋下伏笔。第四章讲述17世纪前期至18世纪后期欧洲亚洲大陆六国,即中国、俄国、莫卧儿帝国、奥斯曼帝国、德国、法国的历史,并且指出在17世纪至18世纪世界历史发生转折性变化的时候,有的努力跟上近代化的步伐,有的却固步自封,造成各自的盛衰。第五章的设计也很有创意,它把西方近代自然科学、资产阶级政治思想,特别是法国的启蒙思想,与中国清朝文化,尤其是乾嘉考据学加以比较,这种对比和联系使学生更深刻地认识到中国在近代为何落后的根源……这应该说是培养学生正确的'观念态度和价值观',吸取世界其他民族优秀文化成果,检讨自己文化传统中缺陷的大胆尝试……"

该文对这一课本的总体评价是:"表现了教材编写者的创新精神、教育学素养、历史眼光,可谓匠心独具。"

## "该写的都写了"

在我们编写教材的过程中,我碰到了几件事,反映了我们教材的社会影响。

我们的教材里写到民国时期著名外交家顾维钧在1919年巴黎和会上为捍卫我国主权斗争的故事。1999年1月,我接到上海市欧美同学会打来的一个电话,他们的工作人员问我,美国通用汽车公司的副总裁杨雪兰女士到上海来,他是顾维钧的继女。她了解到上海中学课本讲到了顾维钧的事迹,很高兴。想和你见见面,行不行啊!我想了想,既然与我们的教材有关,她要见见面,就见面吧。1月29日那天,我按预先的约定,在锦江饭店的贵宾楼和杨雪兰见了面。

这次见面,杨雪兰邀请我去嘉定,由她开车一起去。顾维钧的老家在嘉定,嘉定已经建立了一个顾维钧的纪念馆,我们编写的教科书有关顾维钧的内容,在纪念馆里已有专门的展出。教科书写了顾维钧在巴黎和会上的一次斗争。在第一次世界大战中,德国是战败国,中国和日本都是战胜国。1919年巴黎和会召开时,日本代表提出要把德国在中国山东的特权转让给日本,法国、英国、美国操纵着大会,他们支持日本的要求,这是没有道理的。所以,顾维钧在会上慷慨陈词,把日本代表驳得理屈词穷。我们就把这次斗争写在初、高中的教材里。在审读教科书的时候,就有人告诉我,顾维钧是一个战犯,《毛选》里就是这样说的,是否需要回避?当时我想,顾维钧在巴黎和会上的表现与他1948年在特殊情况下成为"战犯"(当时他是国民政府驻美大使),是在不同历史背景下的两件事,不能因后者而否定前者。所以,我认为顾维钧可以写。这样,顾维钧的事迹就写上了高中教材,也写上了初中的教材。那时,在全国各种版本的中学历史教材中,只有我们编写的教材这样写。当时社会上一部分人的思想还比较"左"，我们的思想比较解放。

就是因为这一点，杨雪兰就邀请我去嘉定，目的是参观顾维钧的纪念馆，交个朋友。在她看来，我们编写的教材因为是义务教育课本，是人人都要读的，这一点很重要。要普及这些历史知识，就要写上课本。对我们的教材能写上顾维钧的事迹，她很高兴。她对我说：你可以写一本专著，但是看的人很少，是少数专家看的。要普及这些历史知识，就要写上义务教育课本。她有一些亲戚在上海，他们也说顾维钧上了初、高中历史教材"是件很了不起的事"。

杨雪兰这次到上海是来筹建上海通用汽车公司的。那时，上海还没有通用汽车，她乘坐的别克汽车，还是专门从美国空运到上海的。所以，我还是上海第一批乘过美国新式别克轿车的人，而且是美国通用汽车公司副总裁亲自开的轿车。到嘉定后，我看了顾维钧生平事迹的展览，确实是把我们教材的有关内容上了展览中的电脑屏幕。事后，杨雪兰还设宴招待了我们，当时复旦大学研究顾维钧的专家金光耀也在座。

前些年，网上曾有一次"祖国大陆是否忘记了抗日远征军"的争论。为了证明抗日远征军在中国当代史已获得重视，许多网友不约而同举出我们编写的上海1992年出版的义务教育八年级第二学期历史课本，详细转录了该书第十章"抗日战争"中有关台儿庄战役、南京保卫战、枣宜会战、长沙会战等一系列中国军队抗战功绩的叙述和评价。其中远征军入缅作战一个目，写得尤为详细，不仅有蒋介石任统帅的中国战区成立后，"中国派远征军十万人开赴缅甸，与英美军并肩作战，重创日军"的宏观记述，又有戴安澜率第200师血战同古，掩护部分英军撤退，终于身负重伤，不幸牺牲的微观描述。作为对照，有的网友翻检台湾的历史教材，却发现他们的教材"只字不提远征军入缅作战，只字不提长沙会战、台儿庄大捷"，等等。也就是说，关于这方面的内容，我们的教材写得比台湾教材还要详细。对于我们教材实事求是的态度，众多网友给予很高的评价。

对抗战史，我们以前的教材对国民党组织的抗战写得不够。当时教材的基本观点是"国民党消极抗战，积极反共"。而台湾教材就说八路军、新四军是"游击、游击，游而不击"。这样不是变成中国没有人抗战了吗？我们的观点是共产党打日本鬼子，国民党也打鬼子。国民党坚持正面战场抗战，共产党开辟敌后战场。这样抗战才能坚持，抗战八年终于取得胜利。2005年纪念抗战胜利六十周年时，胡锦涛总书记在讲话中肯定了国民党在抗战中是有功劳的、有成绩的。胡锦涛讲话发表以后，全国的中学历史教材关于国民党抗战的内容开始增加了。那时，教材在这方面有较大的修改。有人问我：这么重大的事情你们在修改吗？我说，我们没有改，因为该写的已经写过了，不需要再改了。

在胡锦涛讲话发表之前，比较关心历史教材中关于国民党抗战记述的是黄埔军校同学会。可能是由于黄埔军校毕业生中在抗战期间牺牲甚多，所以他们关心此事。在1995—1997年期间，上海黄埔军校同学会李自端先生几次到教材组来，说现在的教材对国民党抗战的评价写得太低。后来我把教材拿给他看，他还把我们编写的教材带回去，带回到黄埔同学会，他们几个人都看了。结果，他们认为该写的都写了，就对我说："不要再加了。"李自端送我一本书，叫《血染长江之战》，1995年出版，这本书是侧重写国民党抗战的，书我至今还保留着。

### "得失塞翁马"

从1986年我任副教授起，到1993年时，任副教授已经七年之久。所以1993年我就提出申报教授职称，当时我送审的材料主要是义务教育七年级的历史课本（上下册）。这一课本实际上是我主编的，为此，主编沈起炜教授还写了证明，附在材料上，此外还有几篇论文。为什么我把中学历史课本作为送审的主要材料呢？因为1990年12月，上海市政府教卫办转发上海课程教材改革委员会办公室《关于保证中小学教材编写人员的原单位待遇的报告》明确规定"中小学课程教材改革是本市承担的全国性的任务，既光荣,又艰巨,周期也长","不论对中小学还是高等师范院校……各单位应该把编写人员参加教材编写工作……所编教材要作为其教学、科研的实绩,作为评优、晋升和职称评定的依据"。既然有了文件依据,我想以中学教材作为送审材料,应该是没有问题的。

申报材料送出去以后,不久我就带着上述教材到北京去,送交北京国家教委学科教材审定委员会审查。这一教材在北京审查过程中,不仅顺利通过,而且得到有关专家的高度赞扬。听说,当时人民教育出版社主管历史编辑室的苏寿桐说,这样下去,要形成"南北朝"了。意思是,我们编写的上海教材,可以和北京人教版教材媲美,形成"南北朝"。审查结束后,我带着喜悦的心情回到上海,却听到一个消息:由于我申报职称的送审材料主要是中学教材,所以没有通过。我听了以后感到很恼火,就写信给课程教材改革委员会主任王生洪,表示不满。在市政协会议上,我碰见了市高教局常务副局长伍贻康,也向他提出意见。但我心里明白,光提意见无济于事,于是我就把一部分精力从编写中学教材转到撰写《中国通史》上。这本《中国通史》上册,是我单独撰写的,又是高校的教材,在上海教委组织评审时,又获专家的好评。所以到1995年我申报教授职称时,就顺利通过了。

以上这件事对我思想影响很大。我从1988年开始,一直把主要精力放在编写上海"一期课改"的历史教材上。由于我们编写组没有设教材的分册主编,所以每本教材几乎都要我审读,因为主编沈起炜教授年事已高,所以我的工作量很大。而且当时尚未实行版税制,编写教材的稿酬也偏低。以1993年版义务教育历史教材为例,每本稿酬约1 600到1 700元,其中主编费约200元。1997年我到香港参观访问时,碰到香港图书公司的经理,他听说我主编和合编的各类历史教材总印量达几千万册,就对我说:"你在香港肯定发财了。"他说,从每册教材抽取1角钱,也有几百万。我对他说:"这种情况在上海不可能发生。"

编写教材尽管报酬偏低,但是责任很大。2001年5月发生这样一件事:据当时鞍山《千山晚报》披露,该市退休历史教师刘长生,竟然从上海高三历史教材(这本教材是我们编写的)中挑出了500多处错误! 刘长生认为,"教材内容错误百出,不仅使教师无所适从,也会使学生误学误读,最终导致以讹传讹,贻害无穷"。于是他多次致信上海有关部门。当时上海一位副市长将这些信转给市教委,市教委则转给我,要我负责处理。

我仔细阅读了刘长生的来信,发现他信中总共只提出七八处错误,而且错误还分成几种情况:一是印刷方面的错误,如在讲到东晋十六国时把成汉的灭亡时间347年误为376年。唐朝长安城图上的"金光门"误为"全光门"等;二是一些有争议的问题,如刘长生认为秦朝的长城不应称为"万里长城",因为秦建长城只有几千里,这是他的"一家之言"了。另外刘长生自己也犯了一些常识性错误,比如他认为东汉"天师道"应为"五斗米道",其实这是一个概念两种说法。那时,因刘长生对上海高三历史教材的意见已经见报,颇有影响,所以上海新闻晚报派出记者进行采访。他们首先向我采访,接着又向复旦附中教高三历史的刘老师进行采访,最后还采访了上海教育出版社。采访结果刊载在2001年5月16日《新闻晚报》上,标题为《"高三历史教材错了500多处"不可信,上海专家理直气壮》。这件事反映了编写中学教材责任重大,因为教材使用面广,阅读的人多,容不得一点差错。

编写教材工作量大、责任重,报酬偏低,而且评教授职称又不能作为依据,对我来说,确是"得不偿失"。但从另一方面说,能够编出为广大师生所欢迎的中学历史教材,使广大青少年学生从中获益,对社会来说,更是关系到培养下一代的大事。所以这里有个"得"与"失"的辩证关系。1996年1月,上海教育学院举行一次"谈上教人形象"的研讨会,我在会上作了发言,就是借研讨会的题目,讲编写教材的得与失。

我说:"上教人"的形象就是代表上教院的形象。教育学院不同于其他高校,它的特点是为基础教育服务。为基础教育服务,说来容易,做起来却很难。例如编写中学教材,它是提高基础教育质量的关键之一。而要编写出高质量的中学教材并非易事,不知要编写者耗尽多少心血。人教社老编审丘汉生曾赋诗表达历史教材编写过程中的艰辛："风水滔滔去不还，兰台秃笔鬓毛斑。一编鲁史(指历史教材)存褒贬，百国蛮书补断残……"，老一辈编者为编教材而毛脱鬓白，花尽一生心血，犹是褒贬两存，而后来者更不必说了。许多从事中学历史教材编写的专家、教授都认为：若把编写中学教材的精力用于其他方面的专题研究，早已写出几本专著。这又是个得失问题。叶圣陶任人教社社长时，题词曰："得失塞翁马，襟怀孺子牛。"就是针对当时编写教材同志的思想而提出的希望。"塞翁失马，安知非福"是我国的一句成语，讲的是"得"与"失"的辩证关系；"孺子"指广大青少年，也就是基础教育的对象。我想，每个上教人能够具有"得失塞翁马，襟怀孺子牛"的精神境界，努力为基础教育服务，就能够塑造出良好的上教人形象。

我以上发言发表在1996年1月20日上海教育学院的院报上。对我来说，自从1993年申报教授职称受挫以来，一直怀着"得失塞翁马，襟怀孺子牛"的思想，尽心尽责，把上海"一期课改"的历史教材编写任务做好，直到这项任务圆满完成。

# 九、历史教材的国际学术交流

## 足不出"沪"参加国际会议

　　1990年10月16日到19日,中国教育国际交流协会、国家教委中小学教材审定委员会办公室、上海市教育局在上海联合举办"课程发展与社会进步国际研讨会"。我因为参与上海中小学历史课程教材改革,应邀参加这次研讨会。这是我国第一次在课程领域召开的国际性学术会议,也是我第一次参加大型的国际学术交流活动。

　　这次国际学术研讨会,主会场设在桂林路5号上海教育国际交流中心。参加研讨会的专家、学者共有一百六十九人,除中国大陆的代表外,还有来自美国、英国、德国、日本、澳大利亚、南朝鲜(当时中韩尚未建交,故称南朝鲜)和中国台湾、香港地区的专家学者。中国教育国际交流协会会长黄辛白、国家教委副主任柳斌、上海市政府教卫办主任王生洪也参加会议。会议的中心议题是:探讨制定基础教育课程计划、课程标准、教材编写的理论依据和实践经验,交流各国基础教育的课程教材建设和改革经验,并就课程发展如何适应和促进社会进步问题,交流看法。

　　我向会议提交的论文是《中国乡土教育的历史回顾与几点认识》,这是我和编写组的刘善龄、顾卫民合写的。我们之所以选择这个题目,是由于我们认为乡土教育是基础教育的组成部分。我国幅员辽阔,人口众多,环境差别很大,经济、文化发展不平衡,除了全国通用的课程教材外,还必须根据各地区的实际情况,设置乡土课程,编写乡土教材,以适应我国这种国情。利用乡土课程教材,使学生认识家乡、了解家乡,培育学生热爱家乡、热爱祖国的思想感情,增强学生建设家乡的社会责任感。而当时的情况是:乡土教育往往被忽视,在基础教育的课程教材体系中缺少乡土性。为此,我们撰写了这篇文章,目的在于促使现代基础教育课程体系的完整化。

顺便说一句,以上的观点是我们历史教材编写组的共识,我们在编写上海中学历史教材的同时,还编写了上海乡土史教材,并配有乡土历史图册,这件事由胡毅华和顾卫民负责。

这篇论文先是论证中国原始教育起源于乡土教育,然后叙述从古代到近代乡土教育的发展,指出严格意义上的乡土教育始于近代,其标志是它成为学校的课程。近代的乡土教育经历了三次起伏,到了当代,特别是新中国成立以后,乡土教育有了新的发展,但发展很不平衡。我们认为,乡土教育是现代基础教育体系的组成部分,它是地域文化传承的重要形式,对促成地域成员的共同文化心理和观念具有重要作用;乡土教育既反映了地域文化的特点,又促成了地域文化的传承和发展,这是它在现代教育体系中的地位和作用。鉴于当时我国乡土教育的状况,我们提出应该建立乡土教育的整体规划,有目的有计划地在学校和社会展开,同时要加强乡土教育的理论研究,以引起社会的重视和支持。

由于这次会议要求发言者很多,而会议发言时间有限,所以我们的论文没有安排在大会发言中,而是被收入《课程发展与社会进步——国际研讨会论文选》(1992年7月由人民教育出版社出版)。

整个研讨会分大会发言和小组讨论两部分。大会发言大多从宏观角度介绍本国(或地区)基础教育课程教材的现状与改革趋势,小组讨论则从学科角度座谈课程教材改革中的问题。我从中外学者的发言中感到:虽然各位专家学者的历史背景、所在国的政治制度和意识形态各不相同,但在课程教材改革中却有许多共同语言。诸如科学技术的迅猛发展、社会信息量的剧烈增加和学生负担的矛盾;国家的统一要求与地方需要以及学生个性发展的矛盾;对亚洲的中国、日本、南朝鲜而言,还有高考制度与课程教材改革的矛盾等。所以,就这些问题开展国际交流是必要的。但在参会以后,我总的印象是会议开展交流多,进行研讨少,由于时间太紧,许多问题无法深入。

在会议期间，我和我们学院院长张家祥同住一个房间，晚上有不少教育界人士前来拜访。在这些来访者中，我初次认识了华东师大的钟启泉教授等教育界专家学者。

参加这次会议，使我对国际学术研讨会的"模式"有了了解，这就促使我在1993年向上海教育学院提出由我们自己举办一次国际学术会议。

**筹办上海第一次历史教材的国际研讨会**

1993年8月4日到7日，上海教育学院和中国地图出版社在上海联合举行"面向21世纪的历史课程与教材国际研讨会"，这次会议是由我们历史教材编写组提出的，具体的筹办工作也是由历史系教师进行的。

自从历史教材编写组成立以后，上海教育学院与国外有关专家学者的联系增加了。就我所记得，当时来访的国外学者有来自日本、韩国、英国、美国、墨西哥等。例如韩国国际历史教科书研究所所长李泰永教授，他是1993年2月通过同济大学德国研究所李若曾介绍，到历史系访问，目的是了解上海历史教科书编写的情况。由于和国外学者的联系多了，加上我参加1990年"课程发展与社会进步"国际研讨会后，对如何举办国际学术研讨会也有所了解，于是就想建议上海教育学院出面召开历史课程与教材国际研讨会。

当时我们的中外合编的高中历史教材成功出版了，社会反映还是很好的。关于中外历史合编的做法，很多人想搞，但没有成功，有的也搞了，被人认为是"混编"，不是"合编"。上海教育学院也有意开一次国际性的学术讨论会，对教材进行一点宣传。所以我向院领导提出筹办国际研讨会时，他们满口答应。但具体要解决两个问题：一是经费，二是筹办工作。学院领导说，经费方面学院可以出一点，你们可以请有关单位资助一点，最后，我们请了中国地图出版社联合举办。当时我们编写的教材都由中国地图出版社出版配套的历史地图册，收益较好，于是他们就决定和我们学校联合举办这次研讨会。至于会议的筹备工作，当时我们历史系可以说全体教师总动员，会议的秘书组、外联组、后勤组大部分由历史系教师组成。历史系原副系主任郭景扬那时刚调到干训部当主任，也主动参加筹备工作。他组织能力很强，许多具体的筹备工作，都由他操劳。

这次会议开得比较成功，出席会议的有英国、日本、韩国、台湾地区学者，以及全国各套历史教材的主编们都来了，上海的华东师大、复旦大学、上海师大都有代表参加了会议。

参加研讨会的五十多位中外代表中有英国伦敦大学教育学院的李彼得教授和迪金森教授，英国爱撒斯郡议会教育部历史课程导师艾雪碧女士，伦敦东区教育局、主持英国中文教材编写的周孟玲女士，英国西涯男子中学历史科主任白格尔先生，日本东京都立大学人文部（史学）佐佐木研究室主任佐佐木隆尔教授，韩国国际历史教科书研究所所长李泰永教授，还有台湾清华大学历史研究所张元教授。日本国上越教育大学校长加藤章教授和二谷贞夫教授、台湾师大历史系主任王仲孚教授、台湾大学历史系黄俊杰教授、中央教科所白月桥研究员因事不能与会，均送交了论文参与交流。中国大陆六套义务教育历史教材编写组中，北京人教版、北师大版、上海的发达地区版、广东的沿海地区版和四川的内地版历史教材的八位主编、副主编出席了会议。八所高等师范院校从事历史教育研究的专家，来自全国各省市的历史教研员、特级教师、高级教师，以及三家出版社和四家杂志社的社长、总编和编辑也出席了会议。浙江的社会课教材，里面也含有历史部分，也派员参加了会议。

研讨会历时四天，共收到论文四十篇，内容涉及历史课程的编制、历史教材的编纂、历史教材比较研究、传统史学与历史教学、历史教学方法、历史乡土教材与音像教材、历史地图编辑与使用、历史课中现代教育技术的运用，以及历史和社会课的关系等诸多方面。在一天半的大会报告中，十二位学者宣读了论文，在一天的分组讨论中，有二十一位代表发表了学术见解，就共同关心的问题展开了深入的讨论。

研讨会上第一次展出了我国六套历史的新教材，不但显示了历史教材改革的成果，而且为历史教材的比较研究创造了条件，引起了与会代表的浓厚兴趣，对各套新教材特色的比较成为讨论的一个热点。代表们一致认为，中国的历史教材改革是有成就的，为历史教材走向现代化奠定了基础，初步形成了21世纪历史教材的雏形。

在会议上，我以上海历史教材常务副主编的名义介绍了上海高中历史教材采用中外历史合编的体例，受到与会者的重视。当他们看了上海高中历史教材之后，多数中外学者对历史教材采取本国史与外国史合编的新体例给予了肯定。英国的迪金森教授说，英国的历史教师也有过这种把本国史与外国史合编的想法，但是未被政府采纳。他很高兴看到上海的同行作了大胆的尝试，为英国教师提供了学习的材料。

英国、日本、韩国专家也介绍了本国的历史教材编写情况和研究成果。英国艾雪碧女士的学术报告《英国历史科国定课程对中小学教师的影响》，介绍了英国历史课程编制的理论与课程实施情况，给人以启发。李彼得教授所作的学术报告《学习历史的进程》是他和迪金森教授联合进行的"历史概念与教授方法"课题的研究成果，这次是首次公开发表，引起了代表们的重视。白格尔先生和周孟玲女士介绍了英国中学历史教学情况，并带来了英国中学历史教学和历史课教学录像，使中国的教学法专家对英国历史教学有了具体深入的了解，并提供了有益的借鉴。

我在会上作了《上海九年制义务教育历史教材的特色》的报告，强调义务教育历史教材要融科学性、思想性与趣味性于一体。这一看法受到代表们的重视。

研讨会上，我们历史系代表学院向与会的外国同行赠送了我和郭景扬副教授合编的《全国中学优秀历史课实录与讲评》一书。

研讨会由上海教育学院的张民生院长出面主持，并与各国与会者讨论了今后互相开展学术交流的设想。在会议上，李泰永提出韩国国际历史教科书研究所考虑成立一个韩、中、日三国学者研究有关历史教科书的组织，每年轮流在各国召开学术会议。他希望上海教育学院参加这一学术组织，并邀请我院派学者参加明年在韩国举行的首届会议，讨论三个国家历史教科书的相关问题。

会后，我与李泰永又进行了详细交谈，由杨彪老师当翻译。我发现李泰永懂中文，但讲得很慢。而他的韩、英、德语都很流利。此后，他与我建立了经常性联系，并在相互交流中进一步建立了学术友谊。

### 同李泰永结下学术友谊

在1994年的6月，李泰永写信给我，提出了要与我们的教材编写组交流，他要来到上海。6月30日上午，李泰永到达上海，我就派人去机场接他，送他到由他自己联系的上海戏剧学院的专家楼。当天中午，他就到上海教育学院找我。我们在食堂共进午餐，并就交流活动作了具体安排。

根据安排，7月1日，李泰永到教育学院进行学术交流活动。交流的内容有两个：一个是李泰永想了解上海的教材是如何写韩国史的，这个内容由我来讲；第二个是他与编写组相互交流。在交流会上，先由我简要介绍上海中学历史教材中有关韩国史的内容，从新罗统一朝鲜一直讲到1992年中韩建交。他听了我的介绍后，提出要补充的有以下的内容：一是在抗战前期，在上海十九路军奋起抗击日军侵略的背景下，1932年4月，韩国志士尹奉吉在日军的庆祝会上炸死日陆军大将白川义则的事件；二是要补充二战期间韩国的抗日运动，不能只讲金日成，要补充韩国临时政府在中国活动的内容。三是朝鲜战争到底怎么爆发的？他认为我们写得不公平。他说，朝鲜战争是金日成先打了第一枪，此前苏联、中国、北朝鲜曾经有过秘密会谈。他认为中国不应介入朝鲜战争，当时美国对朝鲜战争也是不愿意介入得很深的，等等。

在讨论中，我们编写组老师认为关于韩国临时政府在沪抗日的活动史实可以补充，关于抗日战争时期，韩国的情况我们不太清楚。对朝鲜战争谁先发动的问题，我们可以作进一步研究。对于中国参与朝鲜战争的问题，沈起炜先生讲了自己的看法："这是毛泽东一个痛苦的决定，对韩国来说是一个悲剧。美国已经把战火烧到了鸭绿江，它的第七舰队也开进了台湾海峡，我们不得不应对了。"编写组有的教师认为这是美苏冷战的产物。李泰永说，在苏联解体以后，他们向俄罗斯买了一部纪录片，在片中他们发现了有朝鲜战争发生以前斯大林、毛泽东、金日成一起会面的镜头。李泰永又说，对于这个纪录片，他们也不是百分之百的相信，但是有百分之七十的相信。最后，李泰永提出，由韩国有关单位承担70%的经费，中国有关单位承担30%的经费，联合共同开一个国际研讨会，是不是可行？我当场表示可以考虑。

7月2日，我们编写组请李泰永做一次学术报告，内容是中韩关系史，地点仍在上海教育学院会议室。李泰永在报告中提出中国历史上有"大中华"思想，引起我们的重视。在讨论中，编写组有的老师赞成李泰永的观点，我国历史上有以中华为中心的思想。在1894年甲午战争之前，李鸿章对韩国有内政干涉，派人接管了朝鲜的海关邮政等。李泰永认为，在1894年前，韩国深受中国的影响，以后，受日本的影响，日本替代中国长期统治韩国。在1894年前，韩国深深地受中国的影响，但当时韩国还是一个独立的国家，以后就不是独立的国家了，被日本并吞了。编写组程栋老师说，我们的教科书要尽量消除仇恨，这个观点我是同意的，我们的教材对韩国是重视的。傅聚文老师说：去掉偏见，排除分歧是重要的，服从事实。李泰永还说，朝鲜在明清时期向中国朝贡，受中国的影响很深。但朝鲜还是独立国家，我们有自己的主权、语言文化。顾卫民老师说，在甲午战争前，李鸿章干涉朝鲜，在当时是针对日本的。

通过这些交流，我们把李泰永的意图了解得更深了。在当天午餐时，李泰永告诉我，他到过德国读研究生，他帮同济大学弄了几个与德国合作的项目，所以同济大学对他很好。他还说自己有一个感觉：二战以后，德国对波兰问题处理得很好，中国、韩国、日本的关系处理得不好，没有达成共识，结果互相攻击来攻击去，以后发展下去就会成为一种民族仇恨，对各国自身的发展也不利。他主张，如果民间人士通过交流，互相达成共识，也可以反过来影响政府。他就是想做这件事。对于李泰永的这种想法，我很有同感，但又感到那不是我们民间的几个人能做到的事情。

## 参加中国教师代表团访韩

1994年10月9日至23日，我参加中国教师代表团赴韩国访问。这次访问是由国家教委组织的，韩国国际交流财团提供资助。参加代表团的主要是来自全国各地的中学教师、校长，也有少数与中学教材编写有关的人员，我就是属于后者。全团三十多人，由国家教委人事司处长管培俊领队，他后来担任国家教委师范教育司司长。上海去四人，除我之外，还有上海教委教学研究室应伟忠、曹杨中学语文特级教师金志浩、七一中学英语特级教师吴沄。我们先到北京集中，然后从北京乘飞机赴韩国，10月9日下午到达汉城。

代表团访韩活动分为两个阶段，第一阶段从10月10日到15日，参加汉城大学和韩国国际交流财团联合举办的"第一届中国教育者韩国学研究班"，主要是听十多位韩国教授的"韩国学"讲座。其内容有："韩国概况""韩国教育制度""韩国古代史""韩国语与韩文""韩国文学艺术概况""现代韩国社会""韩国经济现状与未来"等。学习结束后，汉城大学还为我们颁发了"修了证书"（结业证书）。

我们在"研究班"学习期间，住在汉城大学宾馆。我的朋友、韩国国际历史教科书研究所所长李泰永，在报纸上看到代表团的名单里有我的名字，马上到宾馆找我。并约我和吴沄老师（当时他当翻译）"到外面喝点酒"，当晚我就和吴沄一起赴宴。宴会在汉城一家豪华的自助餐厅进行，韩方除李泰永之外，还有国际教科书研究所的两位学者参加。我们边吃边谈，互叙友谊，也许因为有酒助兴，大家都谈得比较舒畅。那天夜里我喝了不少韩国白酒，也第一次尝到了"生牡蛎"的味道。对于这次李泰永的热情招待，我留下了深刻印象。

代表团第二阶段的活动是参观访问，从10月16日到22日。先是在汉城观光，然后去水原、蔚山、庆州、大田等地参观，其中有韩国的名胜古迹、民俗村、科学技术公园、独立纪念馆、科学技术院等。还有韩国著名企业，如三星电子公司、现代重工业集团、大宇汽车制造厂等。此外,我们还访问了韩国一些中学,就基础教育问题与韩国有关学者进行了交流。

通过这次比较详细的参观考察,我深感韩国人民的民族历史意识十分强烈。在韩国经济发展中,这种民族历史意识发挥了十分重要的作用。据李泰永的介绍,为数众多的韩国企业集团的领导机构,是以血缘、学缘、地缘为基础所组成的。他们有的白手起家,有的继承祖业,尽管形成和发展的道路各有不同,但创业和经营的手腕都有过人之处。这种血缘、学缘和地缘,就是来自韩国的民族历史意识。

我们到蔚山参观时,来自蔚山给我们讲课的李文雄教授陪同前往。他给我们介绍了蔚山现代重工业集团创始人郑周永先生的一个故事:在企业的初创阶段,造船厂还没有完工,郑周永就到瑞士去要"订单"。瑞士人问他:"韩国人造过船吗?"郑周永就拿出韩国古代李舜臣将军制造的龟船模型,对瑞士人说:"当年李舜臣造出的龟船,打败日本侵略者,今天韩国人也能造出自己的船。"在这里,郑周永从韩国历史传统中吸取了营养,并把它作为发展韩国经济的动力。

当我们参观现代重工业的造船厂时,在大厅里首先看到的就是龟船的模型。我是研究历史的,对1592—1598年李舜臣将军用龟船打败日本丰臣秀吉的舰队,早有所知。对龟船是世界上第一批带有铁顶的战船,也有所了解。但是,我却没有想到,四百年前李舜臣创造的龟船,却在现代韩国造船业中发挥了重要作用。

韩国人的民族意识与韩国在发展经济中提出的"出口政策"和"保护国货",两者成为互为因果关系。在访韩期间,我看到汉城、蔚山、庆州、大田等城市市场货物五光十色,琳琅满目,而且大多数是韩国货。在韩国,人均的汽车拥有率很高,在汉城大学许多学生多有自用车,而韩国人的自用汽车98%以上都是韩国制造的。据说,某个韩国人若不用韩国制造的汽车,就会受到周围人的指责。这些都是韩国人民族意识的表现。

韩国的民族传统文化,受到社会的高度重视。在访韩期间,我们在

"韩国之家"观看了韩国传统的文艺演出,其中有清唱、古典舞蹈、假面舞、古典乐曲等。节目精彩,令人叹为观止。在韩国民俗村,我们看到了朝鲜时代的农村旧有风貌,身历其境,恍惚置身于二百多年前。民俗村可以说是韩国民族历史文化的一个缩影。在汉城大学校园里,我还看到了学生们在课余时间里自发穿起民族传统服装,演奏传统的民族乐器(鼓、铜锣、杖鼓、铜鼓)。在汉城夜间的街头,我又看到韩国的男女青年,自发地组织民族传统文娱演出。这说明,韩国的民族传统文化,已在韩国青年(也许是一部分)中扎了根。也有人以为,现代的韩国青年对周围事物的看法已经不同于他们的先辈。但是他们的生活、工作和学习,仍深受韩国传统文化的影响。韩国社会提倡的"事亲以孝""交友以信"等信条,虽然其根源来自一千三百年前(相当于中国的唐朝)新罗统一时期的"花郎组织",但至今仍为韩国青年人所普遍接受。

作为一个中国人,我很理解并赞赏韩国人这种民族历史意识和文化特色的观念。中韩两国是一衣带水的邻邦,两国都有悠久的历史,而且文化同源,习俗相近,在近代都经历过沦为半殖民地或殖民地的痛苦。两国人民都应该珍惜自己国家的历史,发扬本民族的文化,增强民族意识。一个民族越是能够保存和发展自己的文化特色,越能在世界文化发展史占有地位,越是增强本民族历史意识,越能在现代国际竞争中站住脚跟。

10月23日,我们结束了这次访韩活动,代表团乘机回国。这次韩国访问活动,对我有两个影响,一是对韩国的历史、文化、现状有了新的认识。长期以来,特别是在抗美援朝时期,我们一直把南朝鲜看作"美帝走狗"。改革开放以后,这种看法有了改变,但旧的观念没有根除。这次通过实地考察,可以说更新了观念,包括对"资本主义国家"的看法。二是加深了我和李泰永的情谊,于是就有1995年我赴汉城参加有关学术会议的事。

汉城国际历史教科书学术会议

1995年6月,我应韩国国际教科书研究所所长李泰永教授邀请,参加

"第六届国际历史教科书学术会议"，会议的主题为"国际化时代的历史教育与历史教科书"。我们这次在汉城待了七天。中国参会的人员中除我以外，还有人民教育出版社的编审严志梁也来了，我们都住在汉城都会饭店，同住在一个房间。

我于6月5日到达汉城，原我校历史系教师、当时在高丽大学攻读博士课程的孙科志到机场接我。孙科志现为复旦历史系教授，韩国学专家。6月6日上午，高丽大学孙科志的导师辛胜夏教授来访问我，由他驱车，邀请我、严志梁、孙科志游览汉城。中午，辛胜夏在一家餐厅请我们吃韩国烧烤。下午，中国驻韩国大使馆工作人员来访，邀请我和严志梁参观中国驻韩大使馆。大使馆非常重视中韩教科书的分歧问题，大使馆的文化参赞特意和我们交换了意见，还把有关的材料给我们看，使我们心中有数。6月7日上午，严志梁与我讨论了中韩历史教科书的分歧，还看了"韩国大使与朱开轩谈教科书问题"的书面材料（根据1994年10月6日国家教委主任朱开轩宴请韩国驻华大使黄秉泰时谈话追忆整理），我们两人之间有了共识。晚上，李泰永宴请参加会议的专家学者。

6月8日会议在汉城新闻中心开幕，中国、日本、韩国、俄国、德国、波兰等约四十位专家学者参加会议，还有许多新闻记者。俄罗斯来了一个大使馆参赞。在大会进行学术报告时，韩国教育开发院的主任研究员柳载泽提出了几个问题：一是中国应该把元朝的历史划到蒙古史中去，元朝是异族入侵，不是汉族。二是中国文化中渗透着"大中华思想"，如明朝朝贡贸易。他的发言也涉及朝鲜战争问题。当时，我和严志梁商量了一下，重大的问题我们要表态。涉及古代史的由我来讲，涉及近代史和现代史的由他来讲。

在会议讨论时，我针对柳载泽提出的问题说了三点看法：一是中国是一个多民族国家，多民族国家就是中国的基本国情，中国境内的民族有五十多个，都是中华民族的一部分。这和韩国是单一民族的情况不一样。元朝不是异族的统治，蒙古族也是中国的民族之一，我还讲了清朝的满族，也是属于中华民族之一。二是我们尊重少数民族。我们的中学教科书讲的中华民族文化，就是我们中国的五十多个民族大家一起创造的。我们的国歌，里面也不讲这个族那个族，就说中华民族。当时会上就有人提出不同意我的看法。他说同盟会的纲领就是"驱逐鞑虏，恢复中华"，怎么解释？我说，孙中山先生就有一个很好的解释，"驱逐鞑虏"就是赶走清朝统治者，鞑虏不是指满族人。接着我讲第三点，明清时期，中国确实有"天朝大国"的思想，明朝的朝贡贸易就是这种思想的表现。但我们不是提"大中华"思想，而是说"天朝大国"思想，表现为把周边国家称之为"蛮夷"，西方来的人称"夷人"，到第二次鸦片战争后才改称为"洋人"。对于那时中国表现出来的"天朝大国"思想，我们教材也持批判的态度。我们希望与周边的国家平等往来，友好相处。

6月9日，我在会上作了《从中国人的观点看在上海成立的大韩民国临时政府》的报告。报告的主题是：探讨1919年韩国临时政府在上海成立的条件，以及中国人民当时对临时政府的态度。对于上述主题，我分三部分讲述。第一部分讲成立的条件：1. 中韩两国自古以来就有着密切的交往和深厚的友谊，特别是近现代，两国又共同遭受日本侵略，促成了中国对韩国独立运动的支持；2. 上海交通便利，又是韩国侨民聚居区之一，这些上海韩侨是韩国临时政府的有力支持者；3. 当时上海具有特殊的环境（如"租界"），文化上也具有较强的包容性，有利于韩国临时政府各种活动的开展。

第二部分我讲中国人民对韩国临时政府的态度。从政府来说，除了北洋政府外，孙中山领导的广州军政府，蒋介石的民国政府，都对韩国临时政府给予支持。从中国人民来说，自从韩国临时政府成立以来，中国人民反日援韩呼声就不断高涨，当时中国舆论界把韩国独立运动看作维护东亚安宁和世界和平事业的一部分，同时也是制止日本侵略扩张的重要组成部分；"九一八"事变后，中韩两国人民开始携手共同抗日。"一·二八"上海抗战后，韩国爱国志士尹奉吉在上海用炸弹炸死日军侵华司令官白川，鼓舞了中国人民的抗日信念；"卢沟桥事变"后，在华的韩国侨民组织朝鲜义勇军（1941年并入"韩国光复军"），多次参加战斗，为中国抗战事业做出重大贡献。为此,当时中国共产党人朱德、叶剑英等都给予很高评价。

第三部分我讲两点认识:一是在近现代史上,中韩两国都受日本野蛮侵略,韩国临时政府成立后,韩国爱国志士以此为领导机构,展开了英勇壮烈的斗争,不仅得到中国人民的支持,也支持了中国的抗日事业,在中韩友谊史上写下珍贵的一页;二是20世纪80年代以来,日本右翼势力抬头,各种否定侵略的言行不断发生,引起曾受日本侵略之害的中韩人民关注。因此,总结中韩人民在争取民族独立问题上相互支持,在抗击日本侵略斗争中相互帮助,不仅具有历史意义,还具有现实意义。

我的这个报告受到与会者的欢迎。报告的原稿约5 000字,后被译成韩文,收入会议的论文集。

在会议上,韩国圆光大学苏镇辙教授在《韩国战争:国际共产主义联合阴谋》的报告中提出了"韩战是斯大林、毛泽东、金日成事先预谋发动"的观点,在讨论时,针对这一观点,严志梁发言表示不能同意,认为苏教授的证据还不足,他的观点仅仅依据《赫鲁晓夫回忆录》一书。严志梁认为当时中国刚刚经过了国内的长期战争,有八年抗战,三年的解放战争,中国已经疲倦了。自己国内的事都忙不过来,怎么能管别国的事呢?后来中国人民志愿军出国,那是美国逼出来的。俄国代表发言的观点倾向于我们,他认为二战以后,大家都在防范战争,韩国在这方面做得很好。现在随着美国、俄国、中国、韩国等国有关文件的公布,研究已经有了很多新的进展。希望对朝鲜战争的原因能进一步地探讨。战争的原因有各种各样的,有南北韩国内部的原因。有内部的原因,还有外部的原因。各种原因要综合分析,可能会得到比较正确的结论。战争看来是北韩发动的,但是到现在材料还不充实,建议中、韩、朝三国一起研究,会有新的结论。

会议结束后,6月10日,李泰永邀请我和严志梁同游了光华岛。这里有"辛未洋骚"的史迹,1871年美国军舰进犯江华岛,被守军击退。但1876年,日本强迫朝鲜签订《江华条约》,也是在这个岛上。当天晚上,李泰永设宴招待我和严志梁。在宴会上,他对我谈起我在6月8日会议上发言的事,认为可以用"天朝大国思想"一词替代"大中华思想"。看来,我当时发言已引起他的重视。6月11日,我乘机回上海。

## 访问韩国驻上海总领事

1995年7月13日,李泰永又来到中国,住在同济大学的专家楼,并打电话给我。当时是郭景扬接的电话,于是我和郭景扬、杨彪就去李泰永的宿舍拜访他。晚上,我们请他到文苑酒家吃饭。他问及我们的教材有没有可能做修订,并提议我们一起访问一下韩国驻上海总领事尹海重,他和总领事有过交往。7月28日,我和李泰永来到位于延安西路国贸中心402号韩国驻上海总领事馆进行了访问,受到总领事尹海重的热情接待。尹海重希望了解中国的教材是如何反映韩国历史的,我就此对他进行了详细的介绍。总领事听后,提出三点建议:一是补充韩国临时政府在上海的材料,补充在"三一运动"这一个目中,他可以提供金九的照片;二是希望增加韩国抗日部分的活动,如尹奉吉的事迹等;三是对朝鲜战争希望做适当的修改。

我们这次访问韩国驻上海总领事,实际上也是一次学术交流。我和尹海重就中学历史教材如何反映韩国史的问题,相互交换了意见。对于尹海重提出的三点建议,我也作了思考。我是这样想的:一、关于1919年韩国临时政府在上海成立一事,可以写入教材中。因为这是当时发生在上海的一件具有国际影响的进步的历史事件,也显示了上海文化"海纳百川"的包容性。况且韩国临时政府的遗址就在上海马当路,遗址已经修复,并列入文物保护单位,对外开放。二、关于增加韩国抗日活动的内容,这是可以考虑的。特别是讲到20世纪30年代的抗日活动,不能只讲金日成领导的武装斗争,也要讲到在中国的韩国临时政府决定与中国联手抗日。至于对1932年韩国爱国志士尹奉吉用炸弹炸死日军司令官白川义则之事,则可以用小字形式写入教材,因为这件事就发生在上海虹口公园,可以作为上海"一·二八"抗战的一个"插曲"。三、关于朝鲜战争问题,可以适当进行一些修改,强调中国人民志愿军出国是反对美国侵略,而不是针对韩国。

至于朝鲜战争谁先打第一枪问题,上海教材的写法是"1950年6月25日拂晓,朝鲜战争爆发",我翻阅了国内所有的教材,包括大学教材,都是这样写法。我想,这可能与我国外交政策有关,因为我国与韩国、朝鲜都建交,而对这个问题两国说法截然相反,所以我们只好采用这样的写法。从科学性来说,这样写也不违反史实。

在我看来,在朝鲜战争中,无论谁先打第一枪,无论是北朝鲜主动出击还是被迫反击,并不是问题关键所在。1950年6月25日,朝鲜人民军顺利地越过三八线,仅用三天时间就占领南朝鲜汉城(韩国首都),足以证明金日成早已做好进行一场大规模战争的准备;相反,南朝鲜即使也有"北进"的意图,却没有做好战争准备。

自从我和李泰永访问尹海重以后,韩国驻上海总领事馆就主动和我建立了联系,每逢元旦,他们都寄来新年贺卡。有时还邀请我参加总领事馆举办的庆典活动。例如1995年8月15日,邀请我参加庆祝韩国光复五十周年招待会等。1996年2月尹海重离沪回国,还给我写了封信,表示告别和感谢。后来孙相贺继任总领事,则由总领事馆领事金斗铉继续保持与我的联系,还多次邀请我参加各种庆典活动,如庆祝中韩建交五周年活动等。这种联系一直保持到1998年上海教育学院并入华东师大为止。

1995年,除了我和李泰永同访韩国驻上海总领事外,还有一次我们和日本历史教育代表团的交流活动。8月21日,日本历史教育代表团来到上海,他们约请我和上海市教委教研室林德芳、华东师大陆满堂、敬业中学历史特级教师包启昌等到日航龙柏饭店与他们聚会。在聚会时,相互交流了历史教育方面的信息。日本代表团吉田先生说:1994年他们在日本鹿儿岛召开历史比较学学术会议,会上东京都立大学佐佐木隆尔教授有个专题报告,介绍上海高中历史教材采用本国史和外国史合编的体例,他认为这是世界上第一次采用这种体例编成的高中历史课本,而且已经推广使用。他建议上海就此召开有关的学术会议,进行研讨。当时日本历史教育代表团由日本历史教育者协会副委员长佐藤仲雄领队,成员有二谷贞夫、浅仓有子、河西英通等六人。

我听了上述信息后，曾和沈起炜先生进行过商量。我们认为，1993年我们已经举办过历史课程与教材的国际研讨会，时隔两年，现在再想举办，上级领导是不会同意的。对于我们编写的采用中外历史合编的高中课本，我们认为还比较粗糙，它是个新产品，但还不是精品。

## 1998—2001年的几次交流活动

1998年2月，李泰永又到上海来，我们以上海中学历史教学研究会的名义，请他作一个学术报告。时间是2月19日，地点是上海教育学院，听众是研究会会员。李泰永报告的主题是"韩、中、日历史教科书的比较"。他是这方面的专家，报告内容丰富，信息量也比较大，但因时间有限，所以许多问题都没有深入。听了李泰永的报告以后，我感到中韩教科书对不少历史问题的看法都有分歧，不仅是近现代史，还包括古代史。以后我在修订《中国通史》时，对我国各时期的中朝关系，就比较重视。

11月，李泰永偕夫人到上海来，上海教育学院院长张民生出面在教育会堂宴请李泰永夫妇，同时邀请我和妻子张梅珍参加，并请杨彪做翻译。在宴会上，李泰永对我说：他现在已经感到老了，趁着现在还能活动的时候，想再组织几次历史教科书国际研讨会，请我务必支持。

1999年9月7日和8日两天，由华东师大历史系与歌德学院北京分院联合举办的"中德历史教科书比较研究国际学术讨论会"在上海金沙江大酒店举行，会议有三个议题：一是"历史教科书的世界性与民族性"；二是"教科书编写的新原则与新观念"；三是"中德历史教科书比较研究"。参加会议的有三位德国学者，华东师大（当时上海教育学院已并入华东师大）、上海师大等专家教授，共十多人。

在讨论第一个议题时，我作了《适应全球化趋势，弘扬民族精神——谈上海高中历史课本的内容选择》的发言。主要内容是：从20世纪后期以来，占世界人口一半以上的现有和原有的社会主义国家以及发展中国家开展了以市场为导向的经济体制改革。在全球范围内各种类型国家和地区的经济运行方式逐步靠拢，逐渐融为一体，加上现代科技和信息产业的迅猛发展，从而使经济全球化趋势成为世界潮流。中国实行改革开放以后，实际上已经逐步参与了世界经济全球化的进程。为了适应这种形势，上海高一历史教材采用中外历史合编的体例结构，目的在于培养学生的世界意识，以适应经济全球化的世界潮流。经济全球化对中国来说，既是机遇又是挑战，由于中国原有经济基础薄弱，在激烈的国际竞争中面临严峻的考验。所以，中国在经济向全球开放的同时，必须坚持民族与国家的本体利益。在历史教科书中，弘扬民族精神，增强民族自信心和凝聚力显得更为必要。

接着，德国学者Pingel作了《教科书中全球史、地区史与民族史的平衡》的发言，上师大苏智良教授作《文明史——新教材的突破口》的发言。中德学者各自从不同的角度讨论了大会的议题，不仅交流了信息，而且相互都有启发。其他两个议题的讨论大体也是如此。总的说来，这次国际学术讨论会虽然规模不大，但还比较成功。

2001年3月，日本发生了新的历史教科书事件，在日本新的历史教科书编撰会编撰的中学历史教科书中，删除了南京大屠杀、随军慰安妇、七三一细菌部队等日军侵华罪行，引起了中国人民的强烈不满和抗议。8月，日本首相小泉纯一郎又不顾国内外的人民反对，坚持参拜靖国神社。

在这背景下，2001年10月23日至24日，"第十次国际历史教科书学术会议"在上海同济大学举行。主题为"亚洲诸国历史教科书中的抗日运动"。会议的主办者是：韩国汉城国际教科书研究所和中国同济大学德国问题研究所。参加者有中国、韩国、日本、美国、德国、瑞士、新加坡、泰国等专家学者约四十人。李泰永是会议的主要策动者，学术会议由他致开幕辞，他在会议上有一个主题引导报告：《日本极右主义的历史与现状》。

我受邀参加了这次国际历史教科书学术会议，向会议提交了《上海版高中历史教科书中有关抗日运动的评述》一文。我评述的上海高中历史教科书初版于1991年，同年就在上海试教，1995年开始在上海推广，在1996年作了一些修订，2001年仍在使用。该书的特色是采用了中外历史合编的结构体系，以15世纪新航路的开辟为起点，叙述15世纪到20世纪90年代初的中外历史。由于日本是从明治维新以后走上军国主义道路，所以该书有关抗日运动（包括日本的侵略）的叙述，则从19世纪中后期开始。我把该书的有关内容分以下五个部分进行介绍：1. 19世纪中后期到20世纪的中、朝两国抗日运动；2. 20世纪前期的抗日运动；3. 日本成为亚洲战争的策源地；4. 以1937年7月中国抗日战争全面爆发作为第二次世界大战在亚洲的开始；5. 对"二战"后日本军国主义抬头的评述。

在大会发言时，我对上述1、2、3部分主要是列举史实加以说明。重点是阐述4、5部分的一些观点。

在第4部分，我介绍了该书"以1937年7月中国抗日战争全面爆发作为第二次世界大战在亚洲的开始"的观点，我们没有沿用学术界以1939年9月德国突然袭击波兰和英、法对德宣战为第二次世界大战起点的说法。我们的理由是，第二次世界大战自始至终是世界反法西斯战争，而中国的抗日战争一开始就是世界反法西斯战争的有机组成部分，中国的抗日战争从1937年7月全面爆发到1945年最终胜利，是没有中断、不可分割的整体战争。有人以为，中日战争只是局部战争，那么同样可以讲1939年的德波战争也是局部战争，美、苏均未参加。这种所谓的"局部战争"说，只是强调了外在的地域局部，而忽略了内在的整体联系。同时，中国的抗日战争是世界反法西斯战争的重要组成部分，中国战场是"二战"主要战场之一。中日战争一开始就引起了国际社会的反响。中国抗战对日本的北进、南进战略产生了直接的、有力牵制作用，有力地支援了欧洲战场的反法西斯武装力量，也有力地支援了亚太地区的反法西斯武装力量。出于上述理由，我们的教科书写明："1937年，日本发动全面侵华战争，第二次世界大战在亚洲打响了。"

这里需要说明的是，上述观点最早是我们编写组傅聚文提出来的。

沈起炜先生和我在审读初稿时，认为这个观点颇有新意，而且言之成理，就同意了。长期以来，关于"二战"史的研究，"以西方为中心"的观点占优势。当时我们提出这个观点，目的是突出中国抗日战争在世界反法西斯战争中的地位。从现在看，习近平在纪念中国人民抗日战争暨世界反法西斯战争胜利六十九周年座谈会上的重要讲话中指出："九一八事变成为中国人民抗日战争的起点，并揭开了世界反法西斯战争的序幕。七七事变成为中国全民族抗战的开端，由此开辟了世界反法西斯战争的东方主战场。"这一提法更为科学。

第5部分内容是对"二战"后日本军国主义抬头的评述，教科书分析了"二战"以后日本军国主义抬头的原因是：战后日本民主改革不彻底，"使战后日本与战前保持了相当程度的政治连续性"，"军国主义残余也没有根除"；"40年代末，由于冷战的展开和中华人民共和国的成立，美国对日政策转为积极扶植、重新武装……朝鲜战争爆发后，这种趋势发展得更加迅速"；"日本成为经济大国后，就力图成为政治大国"。在教科书里，我们还列举了日本军国主义抬头的表现：从1958年起，日本发生了"教科书事件"，把"侵略中国"改为"进入中国"……还删去了有关南京大屠杀的记述；日本内阁成员参拜靖国神社的事情也时有所闻；进入90年代以后，妄称"大东亚战争是自卫战争"之类的声浪几乎不绝于耳。因此，我们的教科书指出："长期以来，一部分日本上层人士否认侵略罪行的言行，不能不引起深受日本军国主义之害的中国和其他国家的关注。"

图1：1982年林丙义分到赤峰路新房
图2：《中国通史自学纲要》编写组成员：丁季华（左）、林丙义、杨立强（右）（摄于1984年）
图3：林丙义（前排右一）和上教院历史系同事，前排中间为沈起炜教授（摄于1984年）

1

2

图1：成人高中历史教材编写组成员合影（摄于2008年），右三为林丙义

图2：林丙义在历史系办公室审读教材初稿（摄于1993年）

图1：1996年5月，林丙义（左一）和历史系教工一起参加校运动会
图2：林丙义（左）和陈江合影，1997年以后，林丙义的系主任工作由他接替（摄于1995年）
图3：林丙义（左）和历史教材编写组副主编程栋（摄于1990年）

图1：林丙义（左二）与澳大利亚墨尔本大学保罗·鲁勒教授（右二）会晤（摄于1990年）

图2：林丙义等编写的义务教育七、八、九三个年级历史课本（上下册），共6册（摄于1993年）

图3：历史教材编写组部分人员：左起为顾卫民、林丙义、程栋、刘善龄（摄于1990年）

图1：1993年林丙义在北京八达岭巧遇哥哥林甲宜
图2：林丙义参加上教院学科带头人的评选（摄于1994年）
图3：访问教材出版单位上教社文一室的编辑，左起：盛志光、林丙义、朱剑茂（摄于2004年）

图1：1993年8月，面向21世纪的历史课程与教材国际研讨会在上海教育学院召开
图2：在研讨会上，上教院副院长鲍修德（右二）和林丙义（左三）会见与会外国学者（摄于1993年）

图1：1994年夏，李泰永（右二）到教材编写组进行学术交流，和林丙义等共进午餐
图2：李泰永（左二）在汉城宴请林丙义（左三）和吴沄（左一）（摄于1994年）

图1：林丙义（中）和严志梁（右二）参加第六届国际历史教科书学术会议（摄于1995年）
图2：1995年8月21日，林丙义（后排左三）在日航龙柏饭店会见日本历史教育代表团
图3：林丙义（左）和严志梁（中）应邀参观中国驻韩国大使馆（摄于1995年）
图4：林丙义应邀参加第十次国际历史教科书学术会议（摄于2001年）

# 十、两届上海市政协委员

## "说了不白说"

我当上海市政协委员一共是两届,第八届和第九届。第八届政协委员从1993—1998年,第九届政协委员从1998—2003年,是属于社会科学界。政协委员的主要职责是参政议政、建言献策。在我参加第八届政协第一次会议时,社会上有些人认为政协委员只是一个荣誉称号,说话只做"参考",在会上说了也"不作数"。当时有一句顺口溜说:政协委员的意见是"不说白不说,说了也白说"。十年的政协委员经历,特别是在第九届政协时,随着政协政治协商、民主监督、参政议政的规范化、制度化的不断加强和完善,政协委员的意见和建议,已经不是"说了也白说",而是"说了不白说"了。

要"说了不白说",首先就要提倡"说",敢于"说"。在"文革"时期,在中国社会里,人民民主受到很大的破坏,政治民主全部丧失了。所以要人们敢于讲话也是不容易的。就我自己来说,就在"文革"前夕,因为"敢于说"而招来大祸。1965年12月,我因发表文章批驳姚文元,而受他们的攻击和迫害,"文革"时被关进了牛棚,前后受批斗审查和"不公正待遇"达十一年之久。所以,刚开始当政协委员时,我还是认为"祸从口出","少说为妙"。

要提倡"说",还要提倡讲真话。对政府和当领导的来说还要能容纳不同的意见。我感受比较深的是上海教育学院并入华东师范大学这件事。我原先在上海教育学院任教,1998年并入华东师大,对并校一事,我一直持不同的意见,我提的意见很多,也很激烈。那时,市政协组织人员来华东师大就并校一事进行调研，由市政协副主席刘恒椽带队。参加的多为高校党委书记、校长和教师。在华师大办公楼召开的调研会上，华师大的校长在介绍并校的过程和情况时，都讲效果怎么怎么好。在会上我当场就提出"希望政协听到不同的声音"，列举了并校产生的种种问题和弊端，一条一条地对校领导的发言进行了辩驳。我认为实践是检验真理的标准，黄菊提出要教师教育实现职前职后一体化，基本上没有实现。由于当时我是即席发言，事先并无准备，加上情绪比较激动，难免说了些"过头话"。政协副秘书长周骏羽会后讲，我的发言火药味很浓。对于如此激烈的发言是否也能得到反映，我是心中无数的。没有想到我的这一发言，同样得到了市政协调研组的重视，政协还专门出了简报。后来我还从教育局那里听到，市政协的这份简报发到教育系统的处一级干部。这是我事先没有想到的，它说明了市政协反映不同声音的民主渠道还是畅通的。

我的体会是，对一些重要问题提出不同的意见和建议，要注意两条。一是讲话要有切实的根据，二是要注意"不越位"，"不添乱"。只要是在拥护中国特色的社会主义制度的大前提下，一般地说，通过政协渠道发出的声音会引起领导的注意，容易得到落实。

例如，当时上海一期课改的教材已经用了十年之久，在内容上难免有些陈旧，有跟不上时代需要的地方。由于我是一期课改历史教材的常务副主编，更加感到有进一步修改和补充的必要。一般根据国外通常的做法，教材一般五年修改一次。我好几次向市教委有关领导提出教材修改的建议，但问题一直拖延着，不给落实。在市政协九届五次会议前，民进上海市委动员各专业委员会为大会准备提案，我就提出了这个意见。结果，以我的意见为主，写成《建议对现行上海版中学历史教材进行修订》的提案，以民进市委的名义，提交给市政协九届五次会议。提案上去后，马上得到了市教委的重视，有关部门召开了相关学科教材的主编会议，决定对现行上海版的中学历史、政治、小学社会、思想品德等教材进行修订。这个消息传到北京，在2002年9月3日，《人民政协报》刊登了《教科书的革命》一文，还专门引用了这份提案的内容,作为教科书必须进行改革的一个理由。

于是,我就按照提案的设想以及市教委有关部门的布置,对上海版的高中历史教材做了较大的修改。原先教材的内容只写到1992年,我修订时就延伸到2001年,这样,在中国历史教材里,就增加了邓小平的南方讲话、中共十五大、香港和澳门的回归、"三个代表"思想的提出、中国正式加入世界贸易组织等影响我国历史进程的重大事件,而且把党的十五大以后中国所经受的亚洲金融风暴和特大洪水灾害考验等也写入了教材。使中共第三代领导集体推进中国特色社会主义事业的历史功绩,在教材里得到了应有的反映。在世界历史里面,增加了"第三次科技革命及其影响""两极格局解体及其影响""世界格局多极化的发展趋势""世界经济全球化与区域集团化的趋势"等内容,修订以后的教材在2002年出版,受到师生们的欢迎,社会反映很好。

上海市第九届政协以来,"说了也白说"的说法就渐渐地淡出了。为反映各界人士的意见和建议,市政协开辟了各种参政议政的渠道,除了提案、"会议简报"之外,还有"社情民意""建言"等。《联合时报》《浦江纵横》等也都经常报道政协委员的意见和建议,政协的民主渠道更为畅通,以前的"说了也白说",变成了"说了不白说"。

## 我对"并校"效果有不同意见

我在建言献策方面,主要涉及四个方面的内容,这些内容或以提案、或以发言、或以简报、或以文章见报等方式反映出来。

(一)关于教育资源的平等均衡化问题。当时教卫办的领导王生洪认为,教育分两种,一种是精英教育,培养拔尖的人才,一种是公民的教育,是提高每一个人的素质,强调公平。到底哪个重要? 我认为第一是公平,精英教育是要解决人才问题,也是必须解决的问题,但是首先要解决的是公平问题。我们的社会要发展,就要发展商品经济,在分配上很难做到绝对公平,就会有贫富差距。发展经济就要强调竞争性,就是要发展市场经济。

所以我们要创造出一种人在竞争上要公平的氛围，要为每一个人的发展提供公平的机会。每个人本身都要求发展，要求有公平的教育环境。现在人生的起点就有不公平，出生在农村和出生在城市在享有教育资源上就有不公平。

为此，我写了"开展薄弱学校更新工程应向农村倾斜"的提案，提出不要将眼光只看市区学校，更要向郊区农村的学校倾斜。在政协小组发言中我对基础教育提了几点建议：不要只注意硬件建设，也要注意软件建设；要注意优秀教师向薄弱学校流动……我还对小学生进中学时递条子（学校上级部门的批条）、送票子（要学生家长缴纳择校费、赞助费）的现象提出了批评。这个问题，现在又演化成争购"学区房"来择校的社会现象。这些都是造成教育不公平的现象，必须引起注意。

（二）关于师资队伍建设的问题，我写了《师范院校的学生要姓"师"》的提案。因为根据我的调查了解，有80%的师范院校学生反映，学校很少对他们进行职业教育。在调查表"如跳槽，首选条件"一项中，选高薪的学生占20%，选工作轻松的占11%，选可实现自我价值的占37%，只有一人认为教师是最好的职业。在不打算跳槽的原因中，出于无奈、服从的占28%，认为教师有寒暑假的占76%，而真正热爱教师职业的只占3%。为此，我建议：一要改进完善师范院校的招生制度，优先招收有志于教育事业的高中生入学；二是师范院校要加强对学生的职业、师德教育，应当从实践和理论上着重教育学生，使他们认识到在教师岗位上完全可以实现自我价值，从而培养学生热爱教师工作，立志为祖国教育事业贡献终身的理想。三是对骨干教师的培训要善始善终，不要虎头蛇尾。

（三）要深化高校体制的改革。2006年市政协之友社组织一次学习"十一五"规划交流会，我做了一个专题发言，指出："长期以来，在高度集权的计划经济体制下，高校成为一个行政单位，官本位思想、长官意志、等级观念根深蒂固。现在，虽然经济体制变了，但在高校系统的官本位的管理体制没有根本改变，长官意志、等级观念仍然不同程度存在，这不利于我国高等教育的发展。""现在教育行政管理部门不仅掌握了人事权,而且控制了资源配置权。就目前而言,我们高等教育的资源配置还不尽规范,也不够科学,人为的因素还比较多,这就使许多高校校长、院长、系主任不得不走上层路线,因而投入大量精力,这不能不影响到高校教学和科研的发展。"我根据媒体的报道,提请大家注意现在高校的某些教授专家成为"项目老板",沦为"新腐败群体"的现象。他们一般都具有较高的学术声望,然而现在他们的主要工作已经不是搞科研攻关,而是从事科研"公关",他们的主要精力花在"跑项目""跑课题"上,最好要跑到北京的各部(他们的行为,已经被人们戏称为"跑'部''钱'进")。高校里官本位较重,有的教师就想去做行政管理人员,教授羡慕官位,已经形成一种不正常的风气,亟需引起人们的注意。

(四)关于师范院校布局调整问题。1997年,上海正在进行高校布局调整,简单说就是并校,而且要把上海教育学院并入华东师大,我对此持不同意见。在上海市政协八届五次会议上,我在大会发言稿中提出:"上海应建立和完善'一体两面'的师范教育体系","从上海师范教育的现状看,师范大学和教育学院已形成各自不同的职责范围和办学模式。师范大学主要从事师范生的学历教育,也就是教师的职前教育;教育学院主要从事中学教师的职后教育……鉴于上述情况,现在上海有必要也有可能建立和完善一体两面(职前和职后)的师范教育体系,以加强基础教育的师资队伍建设,适应基础教育发展的需要。"这个发言稿实际上已提出教育学院有单独存在的必要。

同时,我又联合了叶元、张连官等委员,联名写了《对本市师范院校布局调整的几点建议》的提案,交给大会。这个提案认为,对上海教育学院并入华东师大应采取慎重态度,并提出:1. 在过渡时期,上教院建制要保留;2. 要注意发挥两校原有的办校特色;3. 上教院淮海路本部不能撤;4. 要考虑上教院教职员工的物质利益等。

我们的上述提案,引起了市教委的重视。当年4月,我就接到了市教委对提案的答复。市教委认为：目前正在进行的师范类学校布局结构调整方案，是为了"打破条块分割的管理体制，优化配置师范教育资源，实现基础教育师资职前培养和职后培训一体化，构筑上海师范教育的新格局"。应该说，市教委提出的实现"师资职前培养和职后培训一体化"，在理论上是讲得通的，至于效果如何，要通过实践来解决，所以我就不反对并校了。1998年9月，上海教育学院正式并入华东师大。

但是，上教院并入华东师大后，"一体化"并没有取得实质性进展。于是，在2000年2月召开的市政协九届三次会议上，我又写了《市教委应加强对并校后华师大"一体化"进度的督促》的提案。据说，这份提案市教委认为"非常重要"，"市教委领导对此十分重视"，并将此提案列为"正在解决"。在市教委对此提案的"答复"中，不仅作了种种说明，而且附有《华东师范大学教师教育一体化方案》。在方案中，华东师大也承认在"一体化"进程中存在许多"问题和不足"，"在形式上已经一体化，但在客观上还有很大的差距"。而实际上，直到目前（2014），"一体化"问题仍然没有取得突破性进展。因此，对当年我就这个问题在市政协有关会议上的发言和写的提案，我至今仍采取保留态度。

**库存文史资料的清理和编写**

自从1959年周恩来总理倡导开展文史资料工作以来，到1996年，上海市政协已编辑出版文史资料选辑、专辑和统战工作史料选辑百余辑，近1 500万字。同时，各区县政协也相继编印了数量众多的文史资料选辑，大约也有1 500万字。1998年，在建国五十周年即将来临和人类即将跨入21世纪之际，上海市政协和各区县政协计划将以上3 000万字的文史资料精选裒辑，编成《20世纪上海文史资料文库》，以便更好地发挥"资政、存史、团结、育人"的作用。为此，上海市政协成立了《文库》编委会，由政协副主席朱达人等担任主任，市政协秘书长吴汉民任主编。实际参加此项工作的有专家、教授、学者十多人，我则作为"特邀编审"参加。

文史资料工作是政协的一项颇有意义的工作。1959年4月，全国政协主席、国务院总理周恩来在招待60岁以上全国政协委员的茶话会上指出："戊戌以来是中国社会变动极大的时期，有关这个时期的历史资料要从各个方面记载下来。"他号召："过了60岁的委员都要把自己的知识和经验留下来，作为对社会的贡献。"此后不久，全国政协就成立了文史资料委员会，各省市政协也相继成立了文史资料工作机构，开展征集、编辑、出版文史资料的工作。

政协文史资料是历届政协向政协委员和有关人士征集的近现代史资料，具有作者亲历、亲见、亲闻（简称"三亲"）的特点，可以作为中国近现代史研究资料的补充，"补史之缺"、"匡史之正"。同时，这些资料都是亲历者所见所闻，具有纪实的特点，所以会有许多细节，内容比较生动，而历史的真实性往往就存在于这些细节之中。正因如此，所以政协所编的文史资料往往比一些史学专著更受读者的欢迎。

早在20世纪50年代末，我还是复旦历史系学生的时候，就在复旦图书馆资料室里阅读到全国政协编辑的《文史资料选辑》。但那时它还是属于内部发行，不易借到。大学毕业以后，我到虹口中学任教，在学校的图书馆里就找不到这种文史资料了。以后，我调到上海教育学院历史系任教，又和文史资料接上缘分。那时，我无论是备课或是编书，都把文史资料作为参考书。想不到的是，我当上了上海市政协委员以后，却有机会亲自参加文史资料的编辑和清理，我感到这是一项光荣而又艰巨的任务。

我们在重检这些上海政协文史资料的时候，感到这些文史资料确实珍贵。随着时间流逝，光阴不再，这些资料的原作者许多已不在人世，他们撰写的资料不可再得。因此我们在编选时十分慎重。我们从上述近250种文史资料选辑或专辑发表的近3 000万字文章中，精选衰辑成《20世纪上海文史资料文库》，总字数为330万字，分为10卷，在1999年9月由上海书店出版社出版。

同时，1998年李瑞环在九届全国政协一次主席会议上，对文史资料工作作了重要讲话,提出本届政协文史资料工作的重点是清理库存文史资料。1999年1月,上海市政协研究了清理库存文史资料的任务:除了协助全国政协完成近1 000万字库存的经济工商类资料外,还要清理上海政协约2 650万字的库存资料。为此,上海政协成立了《上海文史资料存稿汇编》编委会,由朱达人担任主任,陶人观任主编。我则作为编委参加此项工作。

清理库存资料要比编辑《文库》难度大,原因是这些库存资料都是未发表的。当年所以未得出版使用,除了受时代、思想的局限,当时还不敢公开出版外,还有其他多种原因。所以审读这些资料时,首先必须明确使用和不能使用的原则。为此,参加审读的人员开了几次研讨会。复旦大学余子道教授提出了几点"不用"的原则:1. 空洞无物;2. 非"三亲"史料;3. 重要史料不确实,有明显错误;4. 事情过小,无价值;5. 根据其他材料整理而成(实际上也是非"三亲");6. 同类史料已有,有的已成常识。他的发言得到大家的赞同。

清理库存资料的原则是"认真审读,反复推敲,不漏不滥,慎重处理"。要求精选出精品。对于每份文稿都要作出留用参考、可以出版、删改后使用、节录使用等具体意见。对于拟用稿件还要写出文稿的内容提要等。对于难以判断的文稿则采用"会诊"的方法,由几个人共同研究决定。由于审读工作量很大,故采用"家庭作业"的办法,即每位审读的人员可以把所审文稿借回家里。借一批登记一批,审好后就马上归还,再借一批。这种把文稿借回家审读的办法,提高了工作效率,使我们得以按时保质地完成了任务。

经过三年努力,我们在2001年出版了《上海文史资料存稿汇编》,共12卷,共440万字。其内容分政治军事(第1—2卷);抗战史料(第3卷);经济金融(第4—5卷);工业商业(第6—7卷);市政交通(第8卷);科教文卫(第9—10卷);社会法制(第11—12卷)。

在完成了上述任务的同时,我们还协助全国政协审读、清理了历年来库存的经济工商类文稿约1 000万字,由全国政协出版了《政协文史资料存稿选编》，其中的第21—22册是上海负责的，均为有关经济工商类的文稿，有300万字。

上述这些库存文史资料的清理和出版，使为数不少的死材料变成了活材料，保存了一批有价值的文史资料，丰富了近现代史料的宝库。对我个人来说，也在审读、清理库存资料中阅读了许多从未见过的史料，锻炼了鉴别史料的能力。同时，在工作中也结识了档案界、出版社、史学界的朋友，如张乾、马长林、武重年、完颜绍元、李培栋、周育民等。

在编辑和清理文史资料中，我还结识了当时上海政协文史资料委员会办公室主任施福康。我在担任政协委员时期，接触了不少政协机关干部，他们都有一个特点，即"统战意识"很强，对党外人士都很尊重，而施福康是其中的佼佼者。施福康实际上是上海政协编辑和清理工作的"总管家"，具体的工作安排、人员的分工、工作的进度，都由他具体负责。他工作责任心强，认真仔细，具有服务意识。他不仅为每个参加工作的同志创造了良好的工作环境，而且十分关心、体贴每位参加工作同志的生活和身体健康。记得1999年11月，我和他一起去福州参加"华东地区政协第十五次文史资料协作会议"，同住福建省"政协之家"的一间房间。会议主要安排在白天进行，晚上休息。因为我是福州人，每天夜晚都有许多亲朋好友前来拜访，而且每次都要到深夜十点多才结束。而碰到这种情况，施福康都主动出去"逛马路"，给我和亲友聚会留下空间。事后我向他表示歉意，他却说"应该的"，这件事给我留下很深的印象。

## 赴西北学习考察

1996年9月3日—16日，我参加市政协赴青海、甘肃等地学习考察团的活动。考察团由市政协副主席、民革市委主委厉无畏，原八届市政协副主席、上海市人民检察院检察长石祝三为团长。共十个人，还有工作人员三人。

9月3日，我们乘西北航空公司的班机出发，首站是西宁市。那时正是最好的天气，我们离开上海时，上海的气温为31℃，还是夏日炎炎的季节，西宁却是凉风习习，气温16℃的秋天。在西宁，我们参观了著名的塔尔寺和瞿昙寺。塔尔寺是藏传佛教黄教的创始人宗喀巴的出生地，按照宗教的说法，现在藏传佛教的领袖达赖和班禅均为他的子弟"转世"。为了修复塔尔寺，由国家投资3 600万元，各方捐资1 000万元，总共4 600万元，我们参观时大修工程刚刚完成。该寺初建于明嘉靖三十九年（1560），迄今已有四百多年的历史。整个寺院是由众多的殿宇、经堂、佛塔、僧舍组成的一个汉藏艺术相结合的辉煌壮丽建筑群，占地面积约600余亩。

9月5日，我们一行乘车赴青海湖，途经日月山口（赤岭），海拔3 500多米，那里草木不生，是当年唐代文成公主入藏经过的地方。唐朝与吐蕃的多次战争也发生在此地，也是当地牧区和农业区的分界线。中午，我们到达青海湖，青海湖位于海拔3 000多米的高原，为咸水湖，高原气候，出产著名的鳇鱼。9月6日，我们和青海省政协开会，交流讨论了文物的保护、社会的治安管理等问题。青海省政协也收集整理了一批建国以后的文史资料，出土了不少彩陶文物，但是他们因经费不够，管理机构没有理顺，不少文物归寺院保管，连文物保存单位也搞不清楚。青海省有六个民族自治州，占全省面积的68%。有五种宗教，分别是佛教、伊斯兰教、道教、天主教、基督教。最主要的宗教是藏传佛教（黄教），现在出走在外搞分裂的十四世达赖就是青海人。青海省资源丰富，但缺乏资金、人才、技术，非常需要和上海的相互合作。下午参观了青海省博物馆，这里原先是当地军阀马步芳的公馆。

9月7日，我们从西宁出发，行车4小时，中午到达兰州。在兰州，我们参观了白塔山公园、五泉山公园、甘肃省博物馆，并与甘肃省政协作了交流。在交流中，我感到在立法协商方面，甘肃政协走在上海政协的前面。据他们介绍，"协商在立法之前，已成习惯"。甘肃省政府各部门所作的"办法""规定"，在送省委讨论的同时，都复印给省政协有关部门，以便及时听取政协方面的意见。9月10日，我们离开兰州，乘飞机前往敦煌。

到达敦煌后,由敦煌政协安排乘车前往古阳关。古阳关离敦煌70公里,为汉唐时的重要关口,因在玉门关之南,故称。由敦煌出玉门关为丝绸之路的北道,出阳关则为南道。当年这里颇为繁华,出阳关即为"西域之地",故有"西出阳关无故人"的诗句。现在阳关已为沙漠所侵没,仅留烽燧(烽火台)等遗址,并无城关。当天晚上,我们又参观了鸣沙山月牙泉。鸣沙山是座沙山,东西长40公里,月牙泉为沙山中山谷之泉,终年不干涸,且不为周围沙漠所侵蚀,这是世界一大奇迹。

9月11日上午,我们参观莫高窟。可谓久闻其名,眼见为实。莫高窟是鸣沙山的一段,因为此段山脉为岩石,可凿洞,从北魏、隋、唐到五代、北宋,佛教信徒在此开凿洞穴,供奉佛像,并在洞内画满壁画,形成举世闻名的敦煌莫高窟艺术宝库。洞内佛像多为泥塑,最大的佛像是武则天时塑造的弥勒佛,高达34.5米;最精美的壁画是唐代的"飞天"。我们参观莫高窟前后约3小时,也只是"走马看花"。下午,我们从敦煌出发乘车赴嘉峪关,到达嘉峪关前,天色已晚,突然从嘉峪关开出一辆汽车,我们所乘坐的面包车为避让这辆汽车,急忙向右拐,由于动作过猛,我们的面包车冲出公路,撞坏路边的两个石墩(红白标志),右面两个车轮滑进公路前沟,所幸沟浅,未造成翻车,可谓有惊无险。

9月12日,我们参观嘉峪关和魏晋墓群,然后经酒泉到张掖。张掖古称"西凉",在汉唐时期曾经很繁华。张掖市政协招待我们在宾馆用餐,并参观大佛寺。此寺建造于西夏永安元年(1098),寺内的大佛全长35米,为全国最大的泥塑卧佛。下午,我们从张掖乘车赴武威。9月13日,我们参观了武威的雷台(雷公道观),在雷台下面一个东汉墓出土了闻名全国的青铜铸造的"马踏飞燕"。当地的居民大量制作"马踏飞燕"的仿制品,向游客进行兜售。我就买了两个,带回上海,人人喜欢,结果一下子就送没了。

在武威博物馆里,我们看见了甚为罕见的"欢喜佛",它是藏传佛教密宗的本尊神,作男女裸身相抱之状。对于"欢喜佛",复旦大学陈守实教授曾做出过一个唯物主义的解释:我国的农业地区,百姓信奉的是四大金刚,每个金刚手拿的法器意涵着风、调、雨、顺,有五谷丰登,国泰民安之意。祈祷得到"风调雨顺",这是出于农业种田的需要。游牧民族呢?以畜牧业为生,祈祷牛马羊等牲畜繁殖兴旺。在他们那里,生殖就是生产,就是发展。于是他们自然就崇拜生殖,所以就有"欢喜佛"。甘肃、青海以前是游牧部落的地区,于是就能见到"欢喜佛"。

9月14日,我们从武威回到兰州。接着又从兰州出发,参观甘肃南部的拉卜楞寺等文化和宗教名胜。拉卜楞寺又称炳灵寺,位于甘南藏族自治州夏河县大夏河岸边,是藏传佛教黄教六大寺院之一,被誉为"世界藏学府"。在它的鼎盛时期,僧侣曾达到四千余人。1982年,它被列为第二批全国重点文物保护单位,是甘南地区的政教中心,还办有佛学院。当地海拔高2 900米,如果在早晨,还相当冷,要穿上毛线衣。

9月15日晚上,我们又回到兰州。9月16日,我们从兰州回上海。这次我们赴青海、甘肃考察,全程7 500公里,其中乘汽车为2 700公里。

在这次考察的路上,我与厉无畏、俞云波等交谈得最多。厉无畏的外祖父是蒋作宾,是国民党的元老之一,在辛亥革命时期是和黄兴在一起的。厉无畏的父亲曾经担任过民国政府驻日大使。厉无畏在年青的时候,也在西北地区有一段社会基层工作的经历,受过艰苦的锻炼。俞云波是上海市人民检察院副检察长,主要是搞经济方面的检察工作,他非常喜欢历史。他说,现在我们把蒙古以北的俄罗斯的一片土地称作西伯利亚,实际上是古代我国少数民族鲜卑族的发源地,那时叫做鲜卑利亚,时间长了,就传成现在的西伯利亚了。厉无畏和俞云波都是领导干部,但平易近人,给我留下好印象。

# 十一、为中学历史教育培育英才

## "百千万工程"的历史研修班

我主持的上海中学历史骨干教师培训有两次,一次是1995—1998年,第二次是1998—2001年。第一次是从1995年开始,所以又叫'95中学骨干教师培训工程。

这件事情的背景是1994年上海提出要创建一流城市,政府各个部门就按照这个要求制定本部门的具体工作目标。教育系统在1994年召开了上海市的教育工作会议,当时就提出一个问题:一流城市对教育的要求是什么,对应的就是一流城市必须要有一流教育,一流教育最主要的要有一流教师。一流的教育分两个部分:一个是硬件,一个是软件。硬件就是校舍、仪器、图书,等等,当时感到具体的硬件好办,主要就是投资搞硬件建设。而一流教师的培养,是人的问题,是软件,靠突击不行,单靠钱也不行。

当时上海对在职教师的培训工作抓得比较紧,240课时的培训,还有940课时的培训。问题主要是缺少骨干教师。要有一流的教师首先就要培养一批一流的骨干教师。当时大家有一个共识:一流的教师队伍要有一流的骨干教师队伍,如果全市有20%是骨干教师,就能把整个教师队伍带起来,所以就确定了一个骨干教师培训工程。

上海中学骨干教师培训也称"百千万工程",它实际上是1994年上海市教育工作会议确定的,就是要培训一百名市一级的骨干教师,一千名区县一级的骨干教师,一万名基层一级学校的骨干教师。

1994年教育工作会议开好以后,培养骨干教师的主要任务就落实给上海教育学院。上海教育学院感到单靠自身力量不足,所以上海教育学院就提出先搞一部分的区县，实行分步走的办法。最后确定和上海教育学院邻近的五个区：徐汇、卢湾、长宁、静安、南市五个区合作，这五个区都属于市区，先搞起来，先试点。于是，先由五个区进行筛选，推出五十九个中学教师进行培训。当时上教院有力量搞骨干教师培训的有七个系，分别是政教系、中文系、历史系、数学系、物理系、化学系、地理系。五个区七个系开设了研修班，学员培训的目标确定为经过研修后成为上海的名牌教师。培训的经费由参加教师培训的五个区分担，上海教育学院也分担一部分。

于是，'95中学骨干教师培训工程就开始了。历史系也承担了任务，历史学科由我负责，我们就成立一个组，搞出一个计划。当时我们有个想法：骨干教师不同于大学生的培训，而且我们的培训目的很明确：就是要培养骨干教师。所以我们就提出了以课程研修、专题研究、教学实践三者结合的教学模式和方法，这样的教学模式和方法就是为我们的特定教学目的服务的。

当时，培训市一级的骨干教师是一件新生事物，没有现成的经验、模式可以借鉴，都要靠我们自己在实践中去探索。不过我们对培训的学员的情况是了解的，历史系接受了五个区推荐的八个历史教师，他们是：杨泰山、李蓝、徐国雄、华士珍、顾国芳、董亦鸣、俞关耀、钱君端。他们都是高级教师，都有比较强的教育经验，有相当长的教学经历，区里认为是比较好的教师。针对这种情况，我们就提出通过培训要使学员总体水平达到区或者全市一流水平。具体地说，就是要有自己的教学风格，能写文章，写论文，能评课，能够进行专题研究。因为当时中学教师搞专题研究的很少。为此，在培训模式上要以研修为主，就搞课程进修、专题研究和教学实践方面的专门研修，而且要将三者结合起来。我在调查研究后提出，在以上三者中，专题研究是全部研修活动的核心。专题研究课题的确定为课程进修和教学实践规定了范围。

如何确定专题研究的课题这是关键。历史研修班根据培养目标，在确定课题时坚持两个原则：一是重视每个学员的专长和教学特色，强调"个性和共性相结合";二是根据"一流水准"的要求,强调"实际运用与超前意识相结合"。通过研讨,确定以"现代历史教学模式研究"和"上海市第二轮历史学科课程教材改革的设想"作为研修班专题研究的总课题。这两个课题涵盖了八名学员原先各自研究的课题,体现了"个性与共性相结合",并具有实际的运用性和教改的导向性、超前性的特点,体现了"实际运用与超前意识的相结合"。

专题研究的课题确定以后,课程进修和教学实践就围绕着课题开展。如我开设的"中学历史课程教材改革专题讲座"课程,不仅介绍了课程论、教材编纂学的基础理论,而且重视国内外历史课程教材改革的新思想、新方法,并在课堂上就上海中学第二轮历史学科课程教材改革设想与学员进行研讨。

为了让学员了解国外历史教改的动态,我们还组织学员与前来访问的日本同行进行学术交流。组织学员参加我们举办的"历史学科与美国社会报告会""中、韩、日历史教科书比较报告会"等国际学术交流活动。当时刚好有美、日、韩学者到我们历史系访问,我们就适时地组织了以上报告会。在教学实践方面,我们结合现代教学模式的理论研究,探索中学历史教学的新思路、新模式,组织学员开设"实验课""公开课",将本市的基层学校作为实验基地,将市、区(县)教研活动作为检验效果舞台。我在这个课程的探索中收集了不少的资料,也有不少的研究心得和成果,后来就将这些内容也收入到再版的《中学历史课程教材改革评介》里去。

经过两年多的研修,历史研修班取得丰硕成果。学员的综合素质有了明显提高,在八名学员中,有五名学员获得了区县的"园丁奖"。两名学员评上了特级教师,他们是钱君端和华士珍。在教学上,所有的学员都开了教学研究课、示范课,有的学员开这类课多达五六次。通过这些课程的实践,学员重视了素质教育,学到了新的教学模式,他们的教育探索得到了有关专家和师生的广泛好评。在科研上,八名学员共发表论文三十多篇,不少论文获了奖,有市级的有区级的。他们还参加了七本教学用书的编写,形成了自己的教学风格和教学特色。所以，我们原先设定的目标达到了。

从学员来说，反映也很好。学员钱君端后来回忆说，在研修班里学习了关于历史课程教材改革的理论，以及对新教材编写的指导思想、编写原则等问题，使她很受启发，她吸收了《中学历史课程教材改革评介》一书的研究成果，撰写了《结构性、精选性——高中历史教材编纂中应遵循的原则》的论文。此文成为她申报特级教师三篇送审的论文之一，后来还正式发表在《历史教学问题》上。她深感当时研修班的学习是紧紧地结合了历史的教材改革，这些新的理论、新的探索，学了就用，在研究和教学中都能派上用场，这就是学员真正需要的学习方式和学习内容。

钱君端在一次研修班成果展示会上，以"我和上教院有缘分"为标题的采访中，针对记者关于学员的自身努力、钻研精神与上海教育学院老师给予的帮助指导两者之间的关系的发问，她坦诚地说道：我这些年的努力也许是个成功的因素，但没有上教院历史系教师的指导帮助，我的努力即使开得了花，也可能结不成果。你知道吗，上教院历史老师在我们中学历史教师中的口碑很好，有人还总结出了"大小多少"这一说法——他们"学问大、架子小、奉献多、收益少"。最后，她还深情地表示：我从一个学历低、经验少的青年教师成长为一名从实践到理论都具备了一定造诣的、成熟的教育工作者，上海教育学院的老师们始终是我最好的老师，我和上教院结下了深厚的师生情谊。在成绩和荣誉面前，我要深情地道一声：谢谢你们，上教院和历史系的老师。

**第二次培训的成果与遗憾**

上海第二次的骨干教师培训是从1998年开始的，这也是上海市教委正式启动的"百千万工程"内容之一。实际上，我们前面已经搞过了，但那是试点，现在是全市铺开。这个项目的历史学科仍然是由我来负责的。

与上一次培训项目比，上次我们只启动了五个区，这次是全市性启动了。采取的做法也有点不同，搞导师制，像培养研究生一样，但具体的研修还是和上次差不多，主要是课程研修、专题研究、教学实践三者相结合。学员由全市推荐，并且注意到农村、郊县的教师培养。所以历史研修班的学员除了静安区之外，都是来自郊区的学员。我们教育学院自己不搞招生，名单是市里给我们定的。历史学科只有四个人，在学科培训中，以前对历史学科有所偏重，现在更注意全面的平衡。

由于实行了导师制，就有一个聘请导师的问题。经过慎重的考虑，最后决定一位是华师大的刘学照教授，一位是上师大的苏智良教授，加上我，一共是三位导师，共培训四个学员。他们两位导师各带一个学员，我带两个学员。我带的两个是嘉定区推荐的朱光明（安亭中学）、凤光宇（嘉定教育学院），这两位学员现在都是名师了。刘学照带教的学员是静安区推荐的张扬，来自静安区教育学院，是女教研员。苏智良带教的是闵行区推荐的陈秀梅，也是女教师。从学员的名单上可以看出，这次是比较偏向郊区的教师、女教师的。这个思想，也是我一直在提倡的，我们培养骨干教师不要忘记郊区，不要忘记女教师。

我们的带教工作，按教委的要求是很严格的，每个学员都要写出自己的发展规划，导师要拿出相应的指导计划，工作比较细。其中还要写出指导的目标与思路、教育教学指导规划、专题研究指导计划等，都有具体的指标。刚开始时项目的经费比较充足，听说为实施这个培训工程，市里投入1 000万元，准备工作也比较充分。1999年3月正式开始培训。当时开设的课程有历史学科素质教育的理论与实践、中外历史研究的信息和动态等，都是教学上所需要的。课题研究是结合实际写文章和写书。凤光宇计划参与编写《中国通史》（魏晋南北朝分册）。朱光明计划写《中学历史课程教学方法研究》，后来由上海教育出版社出版，还获得了中国教育学会优秀著作一等奖。

培训工程开始比较顺利，但后来因经费不足，科研经费的报销有点困难，这就影响了培训的进度和质量，使我有点恼火。我们制定了这么多计划，做了这么多调研，很多课题都开了头，科研经费都无法报销，没钱不好办事。在2001年时，我还给政协写了提案，主要内容是："百千万工程"从1998年启动以来，开始开展比较顺利，整个工程聘请了一百多个带教的导师，现在应该付给导师的津贴一直拖欠，造成了导师积极性不高，一些学科因为经费短缺活动难以开展。如市教委曾经承诺可以组织教师出国考察，我们本来也准备了一些项目，因为我们国外也有一点联系，如可以开展一点对中韩日的历史教学的比较研究等。结果，我们的计划送上去，一直批不下来，无法落实，培训工程成了"虎头蛇尾"工程。后来这个提案由市教委答复了，拖欠的钱全部还清，但是我却认为有点"草草收兵"的味道。因为我们定的一些项目没有得到实施，感到有点遗憾。

这时上海教育学院已并入了华东师范大学。最后开了个会，推出了一批名师，算是对整个工程的总结。历史学科有两名学员确实成为了上海的名师，朱光明后来成了安亭中学的校长，凤光宇成为嘉定区教育学院的院长。他们都评上了特级教师。

在我两次主持上海中学历史骨干教师培训中，也包括编写教材中，我们历史系为上海一共培养了六名中学历史学科的特级教师（其中有两位来自历史教材编写组），占了当时上海中学历史特级教师的大部分，还培养了一批中学的历史骨干教师，可以说对上海中学历史教育的发展做出了应有的贡献。

# 十二、退休后的余热发挥

第一次赴港讲学

2000年1月,我退休了。那时,我已经延聘三年了,教育学院已经并入了华东师大。退休后,我本着发挥余热、奉献社会的精神做了一些工作。

2000年香港中小学也在搞教育改革。历史学科怎么改?香港和上海都面临着一个同样的问题:随着经济全球化的发展,历史教科书如何与这种全球化形势相适应?香港的学者提出了中学的历史教材应该实行中外合编,特别是高中历史,要体现中外历史的互动。但在实际操作中遇到困难。因为中国史和世界史专业的学者缺乏交流,很难形成共识。同时香港很多中学的老师反对,他们认为中外历史合编就是把中国史分段插入世界史,这必然要把中国史碎片化。世界史的内容这么多、这么广,中国史分段插进去了以后,就会看不到完整的中国史了,实际上就是取消中国史。这对学生进行爱国主义教育、对学生进行祖国的认同感教育有影响,这就引起了一场争论。香港教育署课程发展处了解到了大陆内地已经开展的历史课程教材改革的情况,看到了我发表的文章。我的文章主要是介绍上海一期课改高中历史采取了中外历史合编的经验,并取得了社会的认可。他们认为值得香港借鉴。于是,香港教育署就组织人员到上海来访问。

2000年10月,香港教育署课程发展处总监陈嘉琪、课程发展议会"个人、社会及人文教育"委员会主席欧阳崇勋(长洲中学校长)来到上海,访问上海市教委教研室,我和教研室副主任林德芳负责接待。当时,上海的一期课改已经取得了一些成果,新的历史教材也已经出版,而且已经有了几年的教学经验,还经历了几年的高考、会考的考验,学生反映良好。在教

140

委教研室，我们和陈嘉琪、欧阳崇勋初步进行了交流。我们详细地介绍了上海教材的编写情况，特别是高中教材采用中外合编的利弊得失，这些情况引起了香港同行很大的兴趣。

2000年11月，由香港中华青少年历史文化教育基金会提供费用，香港教育署正式发出邀请，请我和林德芳赴港讲课交流。

这次我们到香港访问交流的时间为2001年1月29日—2月3日。由香港教育署安排，我和林德芳都住在离教育署较近的卫兰轩酒店。在香港期间，我们也很想了解一些香港的历史教学情况。于是，我们提出希望参观一些香港的学校。他们就安排我们访问了香港中文大学历史系、沙田官立中学、长洲中学、中华基金会中学、香港教育学院社会科学系、香港大学课程系等，与香港的同行进行了交流，除了访问交流外，还有讲课。比如说我在香港大学课程系讲课的内容是"人文学科的整合课程"，听讲的有香港的中学老师六十多位。

2月2日，我们在荃湾冯汉柱资优教育中心，在一个比较大的礼堂里，进行了一次交流活动。在这次活动中，林德芳介绍了上海一期课改的情况，着重讲述了"综合性课程"的试验和推广的经验。我做了"历史教育课程的前瞻"的演讲，重点介绍上海一期课改高中历史教材采取中外历史合编的目的、内容安排，编写体例以及教学试点推广的情况。我针对香港中学历史教师提出的问题，如中外历史整合是否会破坏中国历史的完整性、产生碎片化？是否会削弱中国史的教学内容？对这些问题我进行了重点分析和解答。我的核心观点是：中外历史合编必须确保中国史有基本的完整的体系，中外历史进行合编只要处理恰当，不会导致中国史的碎片化。我以上海高中中外合编的历史教材为例，说明实行中外合编表面看来是把中国史融入世界史，但仔细看中国史有自己发展的体系，这个体系看得很清楚。在上海中外历史合编的历史教材中，中国史的内容占三分之一，外国史的内容占三分之二，中国史所占比例是很大的。这样处理，不会削弱中国史内容的教学，反而加强了中国史和世界史的联系和比较。我认为，只有在这种中外历史的联系中，通过中外历史的比较，才能进一步加深对中国历史的认识，进一步看出中国历史的特色。所谓特色，就是"与众不同"，这只有通过比较才显示出来。我主张香港历史课本的改革也要实行"先研究，再动手"的原则。我的这些观点赢得了出席这次研讨会的香港中史教师会会长许振隆，以及香港中史教师会执行委员黄凤意的赞同，他们呼吁香港教育署也要先研究历史课程，然后再进行改革。

从香港回来时，我在飞机上看到了2月3日《大公报》教育版上关于我们在香港讲学的报道，标题为："史科改革要确保中史完整——上海学者在港分享历史教育课改革经验"。报道以"中史比重须加强""十年试验才推广""中史课不可取消"等三个标题介绍了我们这次讲学的内容。香港《大公报》的报道还配发了我讲课的照片。他们拟就的以上三个标题，既抓住了我们讲课的内容，也联系到香港教育界对历史课程改革的前沿思考，以及部分香港教师的忧虑。在"中史比重须加强"标题下的内容介绍，对上海在课改路上的多年艰辛探索工作进行了分析，正如该报道在开头的文字中介绍的那样，上海的中学高中教科书中外历史合编教材"中国史占三分之一，外国史占三分之二"，实际上就让正在为历史教科书改革后中国史的内容是否会削弱，并担心中国史教学是否会"碎片化"的部分香港教师吃了一颗"定心丸"。在"十年试验才推广"的标题下的报道内容，更是以上海教改十年的历程，指出了上海教改以"先研究，后动手"为推行教改的原则，更是受到香港教育界的认同。与上海相比，香港课改缺少高等学校学者的参与，基本上由处于一线的中学教师直接操刀，教育行政当局只管制定"课程纲要"，不管教科书的具体编写，各校采用的教科书出于不同的出版社，是由各校自行选用的现状，是否会出现历史教育课程"自行其是，水平不够"的弊端等问题，一一得以迎刃而解。虽然香港与内地的文化学术交流十分频繁，但是这次《大公报》对我们讲学的报道如此详尽和仔细，这样的宣传还是不多见的。

在我们离开香港预备登机的时候，香港中华青少年历史文化教育基金会的执行主席伍淑清女士(太平绅士),特意前来送行。由于事先没能联系上我们,我们是已经进入了香港机场以后,在候机楼的广播里听到她邀我们去机场接待室的消息。伍淑清女士特意在机场接待室请我们喝咖啡,在小叙中表达了她对我们访港讲学的谢意。

第二次赴港讲学

　　2002年2月18日—2月25日,我们应香港教育署邀请第二次赴港讲学、交流。当时香港教育署准备推出一个"历史与文化(新历史)"校本课程,这个课程采用"整合中国历史和世界历史"的设计理念,他们已经拟就了一个课程纲要(开始称"讲授大纲",实际上是课程纲要的初稿)。在香港,课程纲要是全港统一的,由教育行政部门制定。但教育行政部门自己不编书,校本教材由各校自己编,出版社出书。香港教育署还挑选了一部分中学做试点学校,叫种子学校。这次请我去讲课,一是要对他们编写的课程纲要提出建议和意见;二是培训种子学校(试点学校)的教师。由于这些教师多是从事中国史或世界史的教学,很少将中国与世界历史融合在一起研究,所以进行这方面的培训十分重要。

　　根据港方的安排,2月19日、20日两天,我在香港北角教育中心开设讲座,讲座的题目就是"历史与文化"。第一讲是"整合中国历史与世界历史课程的设计理念";第二讲是"中西帝国的发展和中外文化交流";第三讲是"东西文明的发展、冲突和交流";第四讲是"20世纪历史发展的特点和全球化"。

　　在第一讲,我对中国的历史和外国的历史为什么要整合,提出了四点理由:一是,适应时代和课程发展的需要,现在是一个经济全球化的时代,经济全球化就有一个漫长的历史发展过程。怎么认识这个过程? 就必须要把中国的历史文化和世界的历史文化整合起来,形成一个新的学科;从现代课程发展来看,在学科高度分化的同时也出现了学科的高度综合,一批综合性的学科不断出现。历史学科也是如此,整合中国历史与世界历史课程就是一个例子。二是,在中外历史文化联系与比较中,认识中国历史文化的特征,培养对国家民族的情感。三是,培养多元文化观,认识保存和发扬民族文化的重要性。四是,建立国际合作与竞争意识。

在讲到如何认识中国历史文化的特征时,我提出:中国历史文化的主要特征之一,就是连续性,从夏商周一直到元明清,延绵不断,从不中断。中国的古代虽然也有过边缘少数民族的入侵,但他们的文化最终还是和中华文明相融合。中国文明的连续性,只有在与古代埃及、两河流域、印度、爱琴海文明的比较中,才能显示出来。在中外历史文化比较时,我们既要看到中华文明的源远流长,光辉灿烂的一面,也要看到中国这种古代文明进入近代以后还有不适应历史发展的一面,比较保守,不重视个性的发展,这与中国传统的农业社会有关系。

在讲到培养多元文化观时,我强调:当前世界的特点是经济全球化,文化多元化,政治格局多极化。在这样的环境下,我们既要尊重其他的文明,也要学习自身文明以外的文明,克服自身文明的不足。要做到孔子所说的"和而不同",即使观念不同,也能和平相处,共同发展。在上一个世纪,经常由于意识形态不同,由于宗教、生活方式不同,发生冲突,也有将自己的意识形态强加于别人的情况。这种现象走到极端,就是战争。教训很多,这是要加以避免的。

在讲到建立国际合作与竞争意识时,我认为:中国有辉煌的过去,但从明朝中后期以后,从郑和下西洋以后,就开始落伍,进入近代后就落后挨打了。于是,就有从林则徐到孙中山等先进分子、志士仁人开始面对世界,探讨各种改革和救国的方案,希望让中国也跻身国际近代化的潮流,但都没能实现。在这段艰难的历史中,中国不是没有机遇,而是好多次都没有抓住机遇。近现代以来,中国真正参与国际合作与竞争是在改革开放以后,这是一个难得的机遇,我们要珍惜这个机遇。

以上介绍仅是第一讲的部分内容。讲座分四讲,每讲3课时,每课时之间安排十分钟休息,每讲之后又安排一些时间让听众(主要是试点学校教师)提问题,进行研讨。所以每次讲座后我都感到疲劳,但听课教师热情很高,这对我是个鼓励。我回到上海以后,香港的教育署来函说,我的讲座在香港反映很好,要我将讲稿整理出来寄给他们,使未能参加听讲的教师也能共享。后来,讲稿在香港教育署的互联网上发表了。

2月21日上午,我在香港教育署高级课程发展主任黄浩潮先生的陪同下,赴香港教育署课程发展处,与香港的同行共同研究《历史与文化》课程纲要的修改问题。这个问题我事先已有所准备,所以主要是我对他们拟定的初稿提出修改意见,这些意见绝大多数都被他们所采纳。中午,黄浩潮先生又陪同我赴香港中文大学访问,中文大学历史系主任苏基朗教授和梁元生教授热情接待。这两位教授在教工餐厅请我们吃西餐,在餐桌上我们就历史教育问题交换了看法。临别时,他们还赠送我许多介绍香港中文大学的资料和书籍。

2月22日,为了了解香港中学历史教学的实际情况,黄浩潮先生陪同我到圣玛利亚堂中学听课。那是一堂以"明清集权政治"为课题的历史课,其教学程序是:先是教师对有关教学内容作简要的讲述,然后引导学生阅读有关资料,进行分组讨论。在讨论的基础上,各组推出学生代表,在课堂上发言。最后由教师作小结。整堂课气氛活跃,而教师讲解时间仅十多分钟,其余时间均为学生阅读资料、讨论、发言。我对这堂课的评价是:这是一堂以学生活动为主体的历史课,体现了以学生为本的教学理念。

2月23日,我和苏基朗教授共同在香港历史博物馆的演讲厅主持了"历史教育前瞻"的研讨会,苏教授讲了"香港历史教学前瞻",我讲了"上海课改的经验"。讲完后留出一小时时间,解答香港教师提出的种种问题。经过这次与香港同行的交流互动,我发现,中国内地和香港教师还缺乏相互了解,某些香港教师了解的大陆还是改革开放以前的大陆,所以加强交流是十分必要的。

2月25日,我从香港乘飞机回到上海。回沪以后,为了小结这次赴港的感受,我根据香港《历史与文化》课程教材的设计理念和教学方法,结合上海的初中历史课程教材的改革，写了一篇《教本、读本、学本——谈沪港初中历史教材改革》的文章，发表在2002年11月的《世纪》杂志上。在这篇文章中，我提出：由于教学理念的变化，历史教材也应该要有变化。以前我们称教材为教本，实际上是为教师服务的。上海一期课改时提出了要尊重学生的主体地位，我认为教材主要是为学生服务的，教本要改成读本，要使学生感到兴趣。到了香港，我进一步了解了香港强调以学生为本的理念，有的教材以学生的学习活动为主体，提供学生活动的案例。这样，这些香港的教材从读本变成了学本，这是值得我们借鉴的。

**参与香港"行政长官卓越教学奖"评奖**

2005年9月初，我接到香港特区政府总部教育统筹局的来函，说香港将于2009年实行新学制，"为了使新高中课程能切合学生的需要，教育统筹局邀请专家学者为建议的新高中课程与内地、外国的相关学科进行比较，以便找出优胜之处，并为需要改善的地方提出建议，从而为学生设计最佳课程"。为此，他们邀请我为香港新高中中国历史课程与内地高中历史课程进行课程比较，并提供建议。随函寄来《香港新高中课程比较（中国历史）工作摘要》及有关资料，并讲明："是项课程比较工作，请于2005年9月30日或以前完成，酬金数额为港币18 240元整。"我回信表示同意，并签"回条"（类似简单合同）。

从9月中旬，我在阅读有关资料的基础上，根据港方的要求，撰写了《香港新高中中国历史科课程比较报告》，以香港《新高中课程及评估架构建议》为依据，对照内地同类型课程进行比较，并提出了建议，全文10 000多字（包括填写的表格）。内地同类型课程以2003年教育部制定的《普通高中历史课程标准（实验）》为依据，并参考上海市教委编制的《上海中学历史课程标准（试行稿）》有关高中历史部分。有些比较项目，由于上述两个课程标准均无具体涉及，则按我所了解的情况做出判断。在比较报告的建议部分，我提出香港新高中课程，要积极吸收"环境变迁对历史发展的影响"这一史学研究新成果,以培养学生的环保意识。为此,我还复印了一份复旦邹逸麟教授《中国环境变迁的历史回顾》一文,作为附件。

比较报告于9月底完成,用"特快专递"寄给香港特区总部教育统筹局。按有关规定,这一比较报告"版权属香港特别行政区教育统筹局所有",所以报告寄出后,我不再问过此事。

这次香港新高中历史课程比较研究是由香港教育行政部门具体操作的。从邀请开始,他们就提出工作的任务和具体要求,既有完成的时间,也有完成该比较研究后的报酬待遇,使受邀者对工作的内容和要求十分明了。双方认可以后,他们提供的资料文件马上就寄达,工作效率非常高。

2007年4月初我又接到香港教育统筹局来函,邀请我"出任行政长官卓越教学奖顾问评审团(2006—2007)委员"。函称:行政长官卓越教学奖是本港唯一以行政长官命名的奖励,"充分显示其重要性"。当年该教学奖的对象是中小学、特殊学校及幼儿园任艺术和社会、人文学科的教师。为此,香港教育统筹局已经成立由香港人士组成的两个评审团,进行了初步评审和详细评审,并提出"建议获奖名单"。"顾问评审团"(共十二人,由香港、内地和海外学者组成)任务是审核以上两个评审团的评审结果。在取得我同意后,香港教育统筹局立即寄来有关教学奖的文件资料,以及"建议获奖名单"的详细材料。

我在阅读香港寄来的评审材料时发现,在人文社会学科历史教学的材料中,至少有三份都提到采用整合中外历史进行教学活动,形成"香港史——中国史——世界史"相互联系对比,从而培养学生的爱港、爱国和世界意识。这与我2001—2002年在香港讲学时提出的教学理念相一致,这使我感到由衷的高兴。

我于2007年4月中旬赴港参加顾问团活动。由于是进行复审确认获奖名单,所以正式评审会议只开一天。评审会议的用语是英语,为此会议还专门为我配备了一名英语翻译。我们的复审工作十分顺利。会议的出席者来自英国、中国内地和香港本地,经过大家的合作、努力,共同为香港的教育事业奉献了自己的一份智力,效率很高。

使我难忘的是这次会议的午餐。在午餐前,会议工作人员宣布这顿饭原先由会议安排,现在经由同是评审团委员的某先生提议,由他请客款待各位专家学者。原先安排的公款招待变成了私款的请客。我在大陆,到现在还没有遇见这样的情况。在香港,公款就是公款,支出必须是透明公开,需要在阳光下操作。私款请客显示了香港人士对此次评审的重视,纯粹是一种热情待客的善举,使这顿午餐充满了学术情谊。

## 对上海"二期课改"高一历史教材的批评

21世纪初,上海中学"二期课改"启动。当时初高中历史教材的编写是由上海师范大学历史系投标,在中标后要负责编写全套初高中历史教材,包括高中的基础型教材(必修教材),还有拓展型教材(选修教材)。我是教材的审查者之一。在审查高一基础型历史课本时,我感到这一教材虽有新意,但在体系、教学内容选择等方面,都存在着一些重大的问题,如果不经过重大修改,很难在教学上使用。在审查会后的交流中,我的意见得到了部分中学教师的支持。我和该教材的主编也有过激烈的争论。我认为我们进行的是历史课程教材的改革,而不是课程教材革命。也就是说,这个教材不宜变动太大,我不主张搞"革命性"的改编。后来我们的分歧越来越大,以致评审会议也就不通知我参加了。

后来,这本新课本虽然通过了审查,但是我一直保留自己的意见。在市政协之友社(教育组)的有关会议上,我多次从不同角度对这一课本提出批评意见。2005年8月,时值抗日战争胜利六十周年纪念,当时搞得很隆重,我撰文《高中历史基础型课程不能没有"抗日战争"的内容》投寄文汇报社。这篇文章约3 000字,我认为,这一课本深受法国年鉴学派"历史时段论"的影响,在叙述历史人物和历史事件方面内容大为减少,这是"中学历史课本之大忌"。尤其是课本大量删减"革命与战争"(包括抗日战争)等内容,不利于对学生进行"以爱国主义为核心的民族精神"的培养。在文章结尾,我提出:"对于中学历史课程建设和教材编撰,要提倡反映国内外有关方面研究的新成果,但要符合我国国情,坚持走自己的路。"

"历史时段论"是法国年鉴学派代表人物布罗代尔提出的。按照上述课本有关部分的介绍:布罗代尔把历史分成长时段、中时段、短时段。他认为地理环境、社会组织、思想传统等,这些是属于长时段的历史现象,能够决定历史事件的面貌和深层结构。人口增长、生产增减、物价升降是中时段的历史现象,是历史事件发生和发展的基础。革命、战争等是短时段的历史现象,转瞬即逝。布罗代尔强调历史学家只有把握长时段的历史现象,才能从总体上把握住历史。我认为年鉴学派这一观点被上海高一历史教材所吸收。所以在这本教材里,大量删减革命与战争等历史事件,造成教材里没有抗日战争,也没有红军长征。中国历史中的重大革命和战争,都被删得干干净净。年鉴学派还有一个观点,基本上是结构主义的观点,重视长时段的历史现象,导致其历史著作基本上没有历史人物,没有历史事件。这样没有历史人物,没有历史事件的历史书,必然就枯燥了。这样的课本,不符合我们中国的国情。邓小平说过:"教材要反映现代科学文化的先进水平,同时要符合我国的实际情况。"(《邓小平文选》[1975—1982],人民出版社1983年版,第52页。)

《高中历史基础型课程不能没有"抗日战争"的内容》投寄给《文汇报》社以后,不久我就接到报社群工部主任王杰廉的电话。他说收到稿件以后,第一件事就是派人去进行调查核实,写的内容是不是真的?核实以后,他们认为情况确实,准备发表,还准备附上调查后记。但过不久,情况起了变化。王杰廉开始说要公开发表,后来又说,文章公开发表看来比较难了,但可以在《内参》上发表。最后,他又来电话,说不好办了,根据有关文件,此文不宜发表。王杰廉提出,第一个处理办法是把稿件退给我,第二个办法是将稿件转给市教委。我说在政协之友社有关会议上,我已经讲得够多了,寄给教委不是白寄吗?王杰廉甚至还建议我,将稿件直接投给北京的教育部,结果我也没有这样做。因为我不想越过上海直接"向北京告状"。于是稿件转到了市教委,其结果是不了了之。

事情过了一年多,在2006年,这一教材就引发了一场"风波",国际上议论纷纷。事情的起因是2006年的9月1日,美国的《纽约时报》的一名记者在头版发表了一篇评论该课本的文章:《毛去哪了? 中国修订历史教科书》,说这本历史教科书看不到毛泽东的事迹,教材只是在介绍"丧葬礼"时提到毛泽东的名字,讲的是毛泽东"追悼大会"。《纽约时报》的文章一出来影响大了,接着许多国外媒体编辑转载这篇文章,并加了很多内容,标题也做了更动,如:"上海新版历史教科书弱化革命和战争,比尔·盖茨替代了毛泽东"。更有甚者的是"政变,从上海历史教科书悄悄开始","上海教科书是'橙色革命'的开端",教材的改编变成"政变"了。在网上还传言:"政府在批准新教材里扮演了重要角色","马克思主义被删除……",等等。

于是,风波很快就从国外传导到了国内。《北京青年报》《中国青年报》《青年参考》《青年周末》等媒体纷纷跟进,对上海新版的历史教科书进行了各种报道。在北京,《青年参考》以"上海新版历史教科书弱化革命和战争"为题,部分转载了《纽约时报》的文章内容。

从2006年10月16日开始,教育部高等学校社会科学发展研究中心在《社会科学情况反映》上,以"著名历史学家评上海新版高中历史教科书"为题,一连印发了六期简报,发表了批评意见。据有关的报道,他们总的认为,新版教科书的编撰者"思想混乱,使该教科书既脱离当代中国社会发展的实际,也脱离中国史学发展的实际,'淡化意识形态','非意识形态化'的表现比比皆是。" 还认为上海新版教科书离开了马克思主义唯物史观,只讲现象不讲本质,结论是"在政治方向、理论方向、学术方向上都存在严重错误"。这些历史学家要求上海地区立即停止使用新编的高中历史教材。

事情越闹越大,各种评论充满网络,而上海的报刊却鸦雀无声,这个现象是有点不正常的。我认为,其实这个问题完全可以在一定的范围里进行实事求是的讨论。据报道,在2007年,上海市教委还和中央教育部听取了北京专家的意见,并提出了该教材的具体修改意见,教材编写组也开始修改教材,一直到当年6月有关部门做出教材停止使用的决定为止。

我认为,假如2006年前有关的部门和教材的编写者能听取我的批评意见,或者就我提出的问题进行认真的讨论,也许这场风波就不会上演。现在有人对这场风波的评价是:"洋人开腔,国人就开枪。"我并不认同这种说法,但说明这场风波造成的消极影响,我们在国际舆论面前显得很被动。

**《中国通史》等三部教材修订再版**

退休以后,我修订再版了几本教材。第一本是《中学历史课程教材改革评介》,原书是我和郭景扬合编的教材,1995年2月由高等教育出版社出版。全书篇幅不长,约10万字。但在当时,它是全国第一本有关中学历史课程教材改革的专著,在这以前还没有出现过同类著作。那时,这本书是为了配合上海的"一期课改"而编写的,内容是偏重于上海方面,目的也是供上海的中学教师作进修教材使用的。进入21世纪以后,有关教育部门决定修订再版,想把这本书修订后推广到全国去,作为全国中小学教师继续教育的学习参考书。

2001年初,高等教育出版社通过上海市教委师资处找到我,提出修订再版的具体要求。于是我就找郭景扬,两人再次合作,一起进行修订。我们调整了原书的章节内容,重点介绍20世纪90年代以来的全国中学历史课程教材改革情况,以便推广到全国使用。同时我们又删改了一些已经过时的内容,增加了素质教育进展的内容,全书的文字增加到18万字。修订后称该书第二版,在2001年8月出书。

社会上对此书(第二版)的评价是:作者在书中介绍了国内外许多先进的教育思想,详细阐述了课程与教材的理论,对我国中学历史课程教材的发展演变及改革情况做了较为深刻的分析和评述,有利于提高中学历史教师的课程思想、教学和科研能力。此次修订,突出了素质教育的思想,适应教育改革的需要,增加了近年来的课改内容和研究成果,具有较强的针对性和指导性。

第二本是成人高中历史课本。从20世纪80年代开始，上海的成人教育高中历史课本都是我主编的。我退休后，根据市教委的要求，曾多次对该书进行了修订。特别是2008年的一次大修订，幅度比较大。修订时，我提出尽可能吸收历史学科研究的新成果，把普教历史教材改革的新成果也吸收进来，增加新的理论、概念和方法，更新、删除了陈旧的内容。

在这次修订中，大大小小的修改共有440余处。这本教材原先的框架体系采用了五种社会形态：即原始社会、奴隶社会、封建社会、资本主义社会、社会主义社会的体例。这次，我们把这个框架体系打破了，作了更新。这本书第五版出版以后，一直用到现在。

第三本是《中国通史》。这本书1996年由高等教育出版社出版，我任主编。它分两册，上册是中国古代史，由我一个人撰写。下册是中国近现代史，由胡毅华老师撰写。全书由我设计框架结构、负责统稿。这本书最早是供小学在职教师进修高师专科使用的教材，我们把它称为"小大专"。应该说，原先的层次并不高，但是在请专家评审时，专家的评价却不低。

在上海市教委组织的教材评审中，华东师大历史系教授王家范认为，这本教材"编排得体，颇具匠心，分量适中，表达语言简而不繁，清晰畅通，形成了一种独有的'教材'语言风格，这是不常编教材的人不易做到的"。"教材的结构上，大小字（体）的二元体例，吸收最新考古与史学研究成果，既积极又精择（取已稳定的、被多数认可的通说），在有些事件、人物的评价上已达到新的水平，不囿旧说，力主革新，以及强化了文化、教育、科技的分量，这些都是具有特色，某种程度超越以往教材的地方，应予肯定。"

这本教材采用宋、楷两种字体编排。宋体字部分是必学的教学内容，要求学生必须掌握；楷体字部分则结合有关教学内容，或从微观角度描述具体的历史细节，以增强教材的可读性；或介绍不同的学术观点，以供学生参考。有的专家认为这种编排"可谓史书编纂学上的新创造"。其实，它是我们在编写中学历史教材时得出的成功经验，我把它引入了大学历史教材的编写。后来王家范在编著《大学本国史》时也使用了这种编排方法。

这本《中国通史》出版以后,深受广大进修教师的欢迎。教材也一再重印,据统计,从1996年3月到2011年5月为止,上册重印了29次,下册重印了28次,大约平均每年都重印2次。使用范围包括华北、华东、华南、华中、西北、西南等二十六个省市和自治区。在实际使用过程中,还突破"小大专"的范围,一些大学的非小教的专业也选用了这本教材。印量我没有统计,到底有多少搞不清楚了,开始每年重印几万册,后来小学教师的培训结束了,每年也重印几千册。总印量达到几十万册是没有问题的。这本书一直使用到我退休以后。

在我退休多年后,随着时代的发展和史学研究的进展,我发现这本《中国通史》有些观点和内容已经陈旧,需要修订。于是我打电话给高等教育出版社,提出修订的要求。起先高教出版社认为这本书销路很好,还用不着修订。我不同意出版社的意见,因为书是挂我的名字出版的,观点和内容陈旧是对读者的一种不负责任的表现,我要对读者负责。后来我一打听,这本书是在1996年由上海教委和高教出版社签订的合同,合同期为十年。到2007年,合同期已满,上海教委也说现在著作的版权应该属于作者了。在这样的情况下,作者提出的修订要求完全是正当合理的。于是出版社和我签订了合同,确定修订再版。

《中国通史》的修订工作由我负全责,从2009年开始,我拟定了修订方案和编写大纲,确定了编、章、节、目的标题,组织了写作班子,更新了全书的框架体系,并负责全书的统稿。该书上册的具体修订工作,由我与缪德民共同完成;下册由于原作者胡毅华老师已经去世,改由潘颖颖、蔡黎静、缪德民老师进行修订,我和孔繁刚老师分别进行了统稿。修订工作得到高教出版社肖冬民先生的大力支持和帮助。出版社打印了原书的电子文本,供我们在修订中使用,这就加快了我们修订工作的进度。修订完成以后,我们就送出版社,由出版社转交教育部师范教育司,师范教育司组织专家进行审定。顺利通过专家审定后,2010年12月《中国通史》第二版的上册出版,2011年1月下册出版,一直用到现在。

《中国通史》第二版全书的字数从原先的60万字增加到80多万字。使用的范围也扩大了,该书不仅可以作为小学教师的培训教材,还适合作为高等院校小教专业本科、专科教材,也可以作为师范院校的文科教材。

这本《中国通史》的修订思想是我提出的,它是在原有教材的基础上,根据史学研究的新成果,更新了教材的框架体系和教学内容,力求贴近本学科的研究前沿。在吸收史学研究的新成果方面,原则是对这些新成果,比较稳定的,为大家所公认的,就积极收入。如尚未为史学界所公认的,还有分歧的,我们就慎重地决定取舍。例如,中国远古社会的历史,就涉及两个大问题,一是中国大陆人类的起源;二是中国文明的起源。20世纪末,一些西方学者根据分子生物学的研究,即对现代人类线粒体DNA的研究,提出一种假设:东非是世界人类的起源地,主张世界上所有的人类都是从东非散布出去的,包括东亚的中国人。这种假设遭到中国古人类学者和考古工作者的质疑。我们这本教材根据考古资料指出,中国境内南北各地发现的远古人类有几十处,包括直立人、早期智人、晚期智人,构成了中国远古人类的进化链,可以充分说明中国远古人类体质发展特征具有连续性,组成了一个进化链,由此证明,中国是人类发源地之一。

关于中国文明的起源,也是属于讨论的问题之一。有人主张中国文明的形成应以文字的出现为标志,有人主张应以金属工具的使用为标志,有的则以国家的出现为标志。我们的教材,采用了中国文明的形成以国家的出现为标志的说法。

又如,从前历史教材都把夏商西周三代定为奴隶社会,实际研究成果表明在当时生产领域的劳动者主体是平民,如商代的"众"和"众人",西周的"国人"和"野人",实际上是平民,他们有自己的生产工具和生活资料。本书客观地表述为中国从夏朝开始进入阶级社会,不采用奴隶社会的说法。关于夏商周的国家体制,教材采用夏商为方国联盟的说法。当时方国林立,夏商与周边的方国存在着松散的联盟关系。夏王、商王实际上是方国联盟的共主,方国有着很强的独立性和离心力,那时还不存在中央集权。西周开始,用军事行动消灭了不少方国,新的诸侯多为周王的宗族或功臣。正如王国维所说,这时才有了"天子之尊",天子不是诸侯之长,而是诸侯之君。西周的王权加强了,夏商时期像"邦联",到周朝时期像"联邦",到战国,中央集权才开始逐渐形成。

这本教材关于"封建社会"的表述,我们明确地指出,"封建"两字的本意是指西周的"封邦建国",欧洲的中世纪有 feudal-system 或 feudalism,近代日本学者在翻译时,借用了周朝"封建"一词,译作封建制度、封建主义。于是"封建"的含义发生了异化,现今人们常说的"封建社会"已经不是"封建"的本意了。近年来,一些中国古代史著作已经开始避免使用"封建社会"来指称战国以后的中国社会。但是,我们考虑到:以"封建社会"指称战国至明清的中国社会,已经约定俗成。况且史学家已经赋予这种"封建社会"以新的含义,根本不同于原先的"封邦建国"。而且,这本教材在中国近代史部分不可避免地要涉及"半殖民地半封建社会"的提法。所以,教材对用"封建社会"指称战国至明清的中国社会,采取了认可的态度。同时,"封建社会"这一概念一般不在教材的编、章、节、目的标题中出现。

教材采用了许多学者使用的从秦朝开始中国进入"帝国"时代(或帝制时代)的说法,用"帝国"指称秦汉到明清的中国。

修订后的教材以中国古代文明的产生、发展、演变为线索,简要地反映中国古代各个时期政治、经济、文化、对外交往、社会生活等方面的发展情况,展示中国古代史的概貌。在教材的内容上,我们重视中外历史的对比,适当介绍了中国古代各个时期文化的世界地位,让学员感受中华民族对世界文明发展的重大贡献。我们相信这对开拓学员的视野是有好处的。

教材的下册原先分为近代史和现代史两个时段,修订时改为分三部分,即"中国近代史(上):晚清时期""中国近代史(下):民国时期""中国现代史:中华人民共和国时期"。教材内容原先只写到20世纪80年代"文革"结束,现在第二版延伸到21世纪初,增补了20世纪80年代以来的许多重要史实,如邓小平南巡的重要讲话、中共中央加快建立社会主义市场经济体制、跨世纪纲领的制定、共和国面临新世纪的机遇与挑战、香港和澳门的回归、海峡两岸关系的新发展、走向新世纪的外交关系、社会保障制度的建立和发展等,实际上写到2008年。

原先的《中国通史》教材政治史的内容较多,现在增加了经济状况、思想文化、科技教育、社会生活等的内容,力求突破原教材偏重以阶级斗争为主线的局限。

有人做过统计,在20世纪(1900—1999)中国包括台湾,共出版各类《中国通史》有133种,其中也包括我主编的《中国通史》,可谓数量甚多。尤其是在20世纪80年代以后,各大学历史系自编中国史教材,一时风气很盛,竞相出版,品种可观。然而,遭到冷遇,自生自灭的不少。我的《中国通史》能在20世纪末出版,又能在21世纪初修订再版,也可以说是一种幸运了。

图1：林丙义参加上海市政协九届一次会议（摄于1998年）

图2：上海市政协副主席朱达人向林丙义颁发《20世纪上海文史资料文库》特邀编审聘书（摄于1998年）

图3：参加"清库"工作的领导和专家学者合影，前排左起为：林丙义、朱达人、姜方昆、武重年（摄于2002年）

图1：全体考察团成员在莫高窟留影，从左二起：刘鏊龄、俞云波、何兆源、厉无畏、
石祝三、林丙义、李培栋、梁国扬、王肇元、吴金雅（摄于1996年）

图2：'95中学历史骨干教师培训工程部分领导、教师与学员合影（摄于1995年）

1
—
2

图1：2001年初赴港讲学交流，左起：林德芳、林丙义、陈嘉琪（香港教育署课程发展处总监）等
图2：林丙义在香港历史博物馆演讲厅讲学（摄于2002年2月）
图3：林丙义在有关会议上对上海"二期课改"高一历史教材提出批评（摄于2006年）
图4：2001年2月3日香港《大公报》对林丙义等在香港讲学的有关报道

图1：2007年4月，林丙义偕爱人赴港旅游并参加行政长官卓越教学奖评奖活动
图2：退休后，林丙义与兄弟姊妹相聚于漳州（摄于2007年）
图3：林丙义和爱人张梅珍以及小孙女宇曦（摄于2014年）
图4：林丙义和孙子亦辰、孙女宇曦（摄于2012年）

| 2 | 1 |
|---|---|
| 3 | |
| 4 | |

# 附录一　林丙义年谱简录(大事记)

1937 年

　　1 月 8 日,出生于福建省福州市。

1941 年

　　4 月,福州沦陷,母亲带我们兄弟姊妹逃难到邵武。

1944 年

　　10 月,福州第二次沦陷,父母亲带我和哥哥逃难到闽清、鸿尾。

1945 年

　　农历二月初十,父亲在鸿尾病逝。8 月,抗战胜利,我家从鸿尾迁回福州,住三牧坊,我就读福州实验小学。

1951 年

　　秋,小学毕业,就读福州第一中学(初中)。

1954 年

　　秋,移居文儒坊,就读福州第二中学(高中)。

1957 年

　　秋,考取复旦大学历史系(五年制)。

## 1962 年

3 月,我的第一篇论文《地主经济下封建赋役征敛的基础》发表于《江汉学报》(1962 年第 3 期)。8 月,母亲去世。9 月,我从复旦大学历史系毕业,分配到上海市虹口中学任教。

## 1965 年

年初,到金山县朱泾公社增产大队参加"四清"工作队。5 月,因病回虹口中学养病。11 月 10 日姚文元《评新编历史剧〈海瑞罢官〉》在《文汇报》发表。12 月 3 日,我与姚文元商榷的文章《海瑞与〈海瑞罢官〉》在《文汇报》发表。12 月 15 日,姚文元以"劲松"为笔名的《欢迎"破门而出"》在《文汇报》上发表,对我点名批评。

## 1966 年

3 月 22 日,《文汇报》发表署名"伍丁"的文章《为谁化装?》,对我进行攻击。我虽不知"伍丁"是谁,但感到该文通篇皆错,于是在 3 月底开始撰写《论经济地位决定政治态度——评〈为谁化装?〉》,反驳"伍丁"。4 月 12 日,文章送交文汇报社,却被扣压。6 月,"文化大革命"爆发。11 月 26 日,我和虹口中学红卫兵一起,赴北京串联,在"毛主席第 8 次接见红卫兵和革命群众"时见到毛主席。

## 1967 年

年初,虹口区"教联会"推荐我当虹口区革委会教卫组核心成员。下半年,我受区教卫组委托,筹办武进中学。

## 1968 年

1 月,由于张春桥、徐景贤的点名,虹口中学红卫兵对我采取"革命行动"，宣布"伍丁"代表"无产阶级司令部"，我则被扣上"炮打无产阶级司令部"罪名，被迫接受审查和批斗。8月，工宣队进驻武进中学，我被赶出宿舍，打进"牛棚"。

## 1971年

5月1日，我和张梅珍结婚，并搬到张家弄86弄4号居住。

## 1976年

10月，党中央一举粉碎"四人帮"，我贴出大字报，要求"平反"。但当时受"两个凡是"的影响，对我的要求没有回音。

## 1978年

夏，调到上海教育学院历史系任教。12月8日，我应邀参加上海社联组织的座谈会，内容是揭发、控诉"四人帮"借《海瑞罢官》问题迫害学术界的罪行。我在会上作了发言。12月29日，《解放日报》《文汇报》同时刊发报道《砸烂文字狱，沉冤得昭雪》，对上述会议作了介绍。

## 1979年

2月底3月初，《文汇报》和《解放日报》分别发表我《针锋相对斗文痞》《谈海瑞与"海瑞精神"》两篇文章。3月28日，虹口中学党支部宣布为我平反。

## 1982年

8月，按上海教育学院分房标准，我家属困难户，分到赤峰路新房一套（65平方米）。

## 1986年

12月我获副教授职称。

## 1987年

获上海教育学院1984—1986年优秀教学奖。6月30日,上海教育学院任命我为历史系副主任,主持历史系工作。

## 1988年

8月,参加中国民主促进会,后为民进上海教育学院支部主委。10月,上海教育学院任命我为历史系主任。11月,上海中小学课程教材改革委员会向全市各有关单位招标,以确定各学科教材的编写组,我代表上海教育学院历史系撰写《上海历史教材的编写设想》,结果中标。年底,中学历史教材编写组成立,沈起炜任主编,我任常务副主编兼编写组组长。编写组成立后,即开展调查研究工作。

## 1989年

12月11日至15日,赴京参加国家教委召开的"义务教育文科教材编写研讨会"。

## 1990年

10月16日至19日,参加"课程发展与社会进步国际研讨会",我提交的论文是《中国乡土教材的历史回顾与几点认识》。

## 1991年

6月,参加上海市社会主义学院举办的学习班。8月,我们编写组编写的历史教材开始陆续出版,并进行试教。我在上海电视台26频道开设讲座,分析历史新教材的重点、难点,指导教法设计。9月,我被评为"1991年全国优秀教师",由国家教委和人事部颁发证书。11月28日,《文汇报情况反映》(内刊)发表《上海教育学院历史系主任林丙义反映:当前历史教材编写中的几个难题》,引起中央领导的重视。

1993年

2月—1998年4月,担任上海市第八届政协委员。

1993年

8月,参与筹办上海教育学院召开的"面向21世纪历史课程与教材国际研讨会",并在会上作《上海九年制义务教育历史教材的特色》的报告。12月,获曾宪梓教育基金会高等师范教师奖(三等奖)。

1994年

上半年,历史教材编写组的编写任务基本完成,转入教材修改阶段。5月4日,上海市中小学课程教材改革委员会召开教材编写人员大会,宣布我们编写组的义务教育七年级第一学期历史课本和高中一年级历史课本获奖,奖金12 000元。7月,韩国学者李泰永与历史教材编写组进行学术交流。10月9日至23日,我参加中国教师代表团赴韩国访问。

1995年

我被评为上海教育学院首届(1995.3—1998.2)学科带头人。6月,获历史学教授职称。6月5日至11日,我应邀赴韩国汉城参加"第6届国际教科书学术会议",在会上作《从中国人的观点看在上海成立的大韩民国临时政府》的报告。7月28日,我和李泰永同访韩国驻上海总领事尹海重,并进行学术交流。11月2日,受上海教育学院聘请,担任"'95中学骨干教师培训工程"历史研修班导师。

1998年

2月—2003年4月,担任上海市第九届政协委员。

1998年

9月,上海市政协文史委员会聘请我为《20世纪上海文史资料文库》特邀编审。9月18日,上海教育学院正式并入华东师大,并校后我任民进华东师大委员会副主委。12月,上海市教委聘请我为"上海市中小学幼儿园市级骨干教师(校长)培养工程导师"。

1999年

年初,参加《上海文史资料存稿汇编》的审读、编辑工作(至2001年结束)。9月7日、8日我应邀参加"中德历史教科书比较研究国际学术讨论会",并作《适应全球化趋势,弘扬民族精神》的主题发言。

2000年

1月,我从华东师大退休。

2001年

1月29日至2月3日,应香港教育署邀请,赴港讲学、交流,内容主要是介绍上海高中历史课本采用中外历史合编的经验。10月,参加"第10届国际历史教科书学术会议",作《上海版高中历史教科书有关抗日运动的评述》主题发言。

2002年

2月18日至25日,我应邀第二次赴港讲学交流,开设"历史与文化"讲座,与香港中文大学历史系主任苏基朗教授共同主持"历史教育前瞻"研讨会。

2005年

8月,我撰写《高中历史基础型课程不能没有"抗日战争"的内容》,对当时高一历史教材提出批评。9月,应香港特区政府总部教育统筹局邀请,参加香港高中历史新教材的比较研究,撰写《香港新高中中国历史科课程比较报告》。

2007年

4月,应邀出任香港"行政长官卓越教学奖顾问评审团(2006—2007)委员",并赴港参加评审活动。

2010年

10月11日,被上海市人民政府聘为上海市文史研究馆馆员。12月,我主编的《中国通史》(第二版),由高等教育出版社出版。

2014年

5月,华东师范大学老教授协会评我为"先进个人"。

# 附录二 林丙义编写教材及论著目录

教材类（以出版时间为序）

1. 职工业余中学初中课本《历史常识》，主编，上海教育出版社，1983年6月版。

2. 职工业余中学高中课本《历史》，主编，上海教育出版社，1983年12月版。

3. 《上海市中学历史基本训练》，合编，上海教育出版社，1984年1月版。

4. 职工高中自学辅导丛书《历史》，主编，上海文化出版社，1985年5月版。

5. 《青工政治轮训教材》，合编，上海人民出版社，1985年5月版。

6. 职工业余中学高中理科班课本《史地常识》，合编，上海教育出版社，1985年11月版。

7. 职工业余中学《高中史地常识教学参考书》，合编，上海教育出版社，1986年6月版。

8. 职工业余中学初中课本《历史》，合编，上海教育出版社，1986年7月版。

9. 《中国通史自学纲要》，合编，上海古籍出版社，1986年7月版。

10. 《初中历史教学指导书》，合编，上海教育出版社，1988年7月版。

11. 高级中学一年级课本《历史》(实验本)，副主编，上海教育出版社，1991年6月版。

12. 义务教育七年级第一学期课本《历史》，常务副主编，上海教育出版社,1991年6月版。

13. 义务教育七年级第二学期课本《历史》,常务副主编,上海教育出版社,1991年11月版。

14. 成人中等学校高中课本《历史》,上海教育出版社,1991年11月版。

15. 义务教育八年级第一学期课本《历史》,常务副主编,上海教育出版社,1992年6月版。

16. 高级中学二年级课本《历史》(实验本),副主编,上海教育出版社,1992年6月版。

17. 义务教育八年级第二学期课本《历史》,常务副主编,上海教育出版社,1992年11月版。

18. 高级中学选修课本《历史》(上册,实验本),副主编,上海教育出版社,1993年6月版。

19. 高级中学选修课本《历史》(下册,实验本),副主编,上海教育出版社,1993年11月版。

20. 高级中学选修课本《历史》(实验本,供三年级文科班用),编著,上海教育出版社,1995年6月第1版。

21. 高级中学课本《历史》(上册,试用本),常务副主编,上海教育出版社,1995年6月第2版。

22. 高级中学课本《历史》(下册,试用本),常务副主编,上海教育出版社,1996年6月第1版。

23. 成人高等师范专科小学教育专业教材《中国通史》(上册),编著,高等教育出版社,1996年3月版。

24. 小学教师进修高等师范专科小学教育专业教材《中国通史》(下册),主编,高等教育出版社,1996年12月版。

25. 高等中学选修课本《历史》(实验本),编著,上海教育出版社,1997年7月版第2版。

26.《成人中等学校高中历史课本》,主编,上海教育出版社,1997年6

月第3版。

27. 成人中等学校高中课本《历史练习册》，主编，上海教育出版社，1997年6月第3版。

28.《新编全国成人高考复习指导丛书·历史》，主编，上海教育出版社，1998年2月第1版。

29.《初中中国历史分类训练与分项测试》(第一册)，主编，上海人民出版社、福建人民出版社，1998年8月第1版。

30.《初中中国历史分类训练与分项测试》(第三册)，主编，上海人民出版社、福建人民出版社，1998年8月第1版。

31.《初中世界历史分类训练与分项测试》(第一册)，主编，上海人民出版社、福建人民出版社，1998年8月第1版。

32.《初中中国历史分类训练与分项测试》(第二册)，主编，上海人民出版社、福建人民出版社，1999年1月第1版。

33.《初中中国历史分类训练与分项测试》(第四册)，主编，上海人民出版社、福建人民出版社，1999年1月第1版。

34.《初中世界历史分类训练与分项测试》(第二册)，主编，上海人民出版社、福建人民出版社，1999年1月第1版。

35.《中国通史课程学习指导书》，主编，高等教育出版社，1999年8月第1版。

36.《高中历史复习》，主编，上海教育出版社，2001年6月第1版。

37. 高级中学课本《历史》(试用本，下册)，常务副主编，上海教育出版社，2002年8月第2版。

38.《新版成人中等学校高中历史课本》，主编，上海教育出版社，2002年9月第4版。

39. 新版成人中等学校高中课本《史地知识基础》，历史部分主编，上海教育出版社，2002年10月第3版。

40. 成人中等学校高中课本《历史练习册》(新版)，主编，上海教育出版社,2002年10月第4版。

41. 成人中等学校高中课本《史地知识基础 练习册》(新版),历史部分主编,上海教育出版社,2002年10月第3版。

42. 《高中历史助学与能力训练》(一年级),主编,上海教育出版社,2003年6月第1版。

43. 《成人中等学校高中历史课本》,主编,上海教育出版社,2008年8月第5版。

44. 高等院校小学教育专业教材《中国通史》(上册)(第2版)主编,高等教育出版社,2010年12月第2版。

45. 高等院校小学教育专业教材《中国通史》(下册)(第2版)主编,高等教育出版社,2011年1月第2版。

## 其他著作类

1. 《中国古代史辅助读本》,合编,上海教育出版社,1989年6月版。

2. 《中国近代史辅助读本》,合编,上海教育出版社,1989年11月版。

3. 《全国中学优秀历史课实录与讲评》,主编,华东师范大学出版社,1990年6月版。

4. 《历史教育心理研究》,两人合编,杭州大学出版社,1991年9月版。

5. 《中学历史课程教材改革评介》,合编,高等教育出版社,1994年10月版。

6. 《中学教学全书·历史卷》,合编,上海教育出版社,1996年12月版。

7. 《华夏五千年·近代》,合编,上海辞书出版社,1997年9月第一版。

8. 《中外历史上的今天》,主编,河南人民出版社,1999年7月第1版。

9. 《20世纪上海文史资料文库》(共10卷),特邀编审,上海书店出版社,1999年9月第1版。

10.《中国历代人名大辞典》(上、下册),参加编写,上海古籍出版社,1999年12月第1版。

11.《中学历史课程教材改革评介》(第二版)两人合编,高等教育出版社,2001年8月第2版。

12.《上海文史资料存稿汇编》(共12册),编委,参加审读、编辑,上海古籍出版社,2001年12月第1版。

13.《二十世纪中国社会科学(历史学卷)》,参加编撰,上海人民出版社,2005年9月第1版。

## 论文类

1.《地主经济下封建赋役征敛的基础》,1962年第3期《江汉学报》。

2.《海瑞与〈海瑞罢官〉》,1965年12月3日《文汇报》。

3.《谈海瑞与"海瑞精神"》,1979年3月6日《解放日报》。

4.《论清初江南奏销案》,1981年《上海教育学院学术论文选》。

5.《中国封建土地制度的基本特点》,上海史学会《1981年年会论文选》。

6.《从1980年上海高考试卷谈如何改革中学历史教学》,1981年第1期《历史教学》。

7.《我对中学历史教学中几个问题的看法》,1982年第4期《历史教学问题》。

8.《再谈中学历史教学中的几个问题》,1983年第6期《历史教学问题》。

9.《历史课如何贯彻"三个面向"》,1985年第2期《中学历史教学》。

10.《新编中学历史教材谈》,1990年第5期《上海教育》。

11.《辛亥革命的历史意义及其失败教训》,1991年第6期《上海民进》。

12.《上海九年制义务教育历史学科课程标准（草案）简介》,1992年第2期《学科教育》。

13.《中国乡土教育的历史回顾与几点认识》,《课程发展与社会进步国际研讨会论文选》,人民教育出版社,1992年7月版。

14.《上海中学历史课程教材改革的思路与特色》,1992年第5期《中学历史教学研究》。

15.《上海高中历史学科新的课程设置和必修课教材的特色》,1993年第1期《历史教学问题》。

16.《中国封建社会土地所有权与统治权分离的历史趋势》,1993年第1期《上海教育学院院报》。

17.《九年制义务教育初中历史新教材的特点》,1993年6月《上海教学研究》。

18.《上海新编高三选修教材中国古代史（上册）中的几个史学问题》,1993年第5期《历史教学问题》。

19.《从中国人的观点看在上海成立的大韩民国临时政府》,《第六届国际历史教科书学术会议论文集》(韩文版),1995年6月,汉城。

20.《沪台两地初中中国古代史课本之比较》,1996年第1期《上海教育学院学报》。

21.《上海高中历史教材评价》,1997年第2期《历史教学》。

22.《评香港中学课本（会考中国历史）》,1998年第9期《历史教学》。

23.《顾维钧的成才道路》,1999年7月8日《青年报》。

24.《适应全球化趋势,弘扬民族精神——谈上海高中历史课本的内容选择》,在"中德历史教科书比较研究国际学术讨论会"上主题发言,1999年9月8日,华东师范大学。

25.《我看山陕会馆——建筑艺术堪称奇葩》,2000年5月26日《联合时报》。

26.《感受上海历史文化》,2001年第1期《浦江纵横》。

27.《上海版高中历史教科书中有关抗日运动的评述》,在"第10届国际历史教科书学术会议"上的主题发言,2001年10月24日,同济大学。

28.《教本、读本、学本——谈沪港初中历史教材改革》,《世纪》杂志,2002年第6期。

29.《"说了不白说"》,《联合时报》,2003年1月10日。

30.《少一点功利主义,多一点人文精神》,《联合时报》,2012年11月30日。

# 后　记

　　对林丙义馆员的访谈已经结束，回想一年来我们两人共同在"口述史"的道路上一边磨合，一边走来的历程，也算是今世有缘了。一是我俩同校，都在复旦读过书。二是我考入复旦进校报到时，1961届的毕业生刚好离校，1962届他们的班级像现在的志愿者一样，为我们新生接待、领路等，使我至今不忘。三是我后来同样有在中学教书的经历，加上他和我都有一种凡事都要想个明白的劲头，口述史中碰到的一些事大家都会去不断思考，所以越谈思想就越靠拢了。"文革"给一般的知识分子留下的印象往往是"极左"、无休止的折腾，表面上的忙忙碌碌和实际上的无所事事。而他，毕业后不久就摊上了"倒霉事"，明明是发表学术上的不同意见，却扣上了"炮打无产阶级司令部"的帽子，还被剥夺了上讲台的权利。好在他能控制自己的心态，做电工、挖防空洞样样都干，不变的是认定自己总有一天会被平反。"四人帮"被粉碎以后，他终于回到了心仪的讲台上，从事他一生最爱的工作：教书和研究，迎来了自己的第二春。后来他调入上教院，并入华师大，从中学老师到大学教授，从教学生变成教老师，从用教材变成编教材，从参加课程教材研讨会到组织这类国际研讨会，从大陆内地的相互交流到沪港两地的讲学交流。他的工作单位、工作面、工作重心不断变化、拓展，唯一不变的是他的一颗对我国基础教育无私奉献的心。从一滴水看太阳，从林丙义的教师历程中我进一步感知到中国正直的知识分子艰辛、曲折的道路和他们的人生价值。

　　为了完成口述史的资料整理，林丙义动员了哥哥和亲友、甚至远在日本的老同学沙健，提供了回忆当时家庭生活和"文革"中相似遭遇的资料，这些资料弥足珍贵。

上海行政管理学校学生夏晓雨负责每次访谈的录像、录音,并对录音进行文字记录和处理,为工作的按时进行提供了保证。

潘君祥

2015 年 8 月 27 日

**图书在版编目（CIP）数据**

林丙义口述历史 / 林丙义口述；潘君祥撰稿. —
上海：上海书店出版社，2016.1
（上海市文史研究馆口述历史丛书）
ISBN 978-7-5458-1193-3

Ⅰ.①林… Ⅱ.①林… ②潘… Ⅲ.①林丙义—回忆
录 Ⅳ.①K825.81

中国版本图书馆CIP数据核字（2015）第 261703 号

责任编辑　邓小娇
技术编辑　丁　多
装帧设计　郦书径

林丙义口述历史（上海市文史研究馆口述历史丛书）
林丙义　口述　潘君祥　撰稿

出　　版　上海世纪出版股份有限公司上海书店出版社
　　　　　（200001　上海福建中路 193 号　www.ewen.co）
发　　行　上海世纪出版股份有限公司发行中心
印　　刷　江阴金马印刷有限公司
开　　本　640×965 mm　1/16
印　　张　11.75
字　　数　150 000
版　　次　2016 年 1 月第 1 版
印　　次　2016 年 1 月第 1 次印刷
ISBN 978-7-5458-1193-3/K.207
定　　价　40.00 元

ORAL HISTORY

# 上海市文史研究馆
# 口述历史丛书